다시 들어야 할 처음 복음

다시 들어야 할 처음 복음

지은이　　　이동원
초판　　　　2014년 2월 17일
13쇄 발행 | 2022. 1. 2 7 .

등록번호　　제3-203호
등록된 곳　　서울시 용산구 서빙고로 65길 38 두란노빌딩
발행처　　　사단법인 두란노서원
영업부　　　02-2078-3333　　 FAX 080-749-3705
출판부　　　02-2078-3477

책 값은 뒤표지에 있습니다.
ISBN 978-89-531-2020-4　　03230

편집부에서 독자의 의견을 기다립니다.
tpress@duranno.com　　http://www.Duranno.com

다시 들어야 할

처음복음

두란노

contents

복음은 하나 밖에 없습니다.

복음은 인류의 유일한 소망입니다.

바울은 다른 복음은 없다고 말했습니다.

그런데 오늘날은 그 복음이 실종되고 있습니다.

교회의 최대의 위기는 이 복음의 상실에 있습니다.

복음의 회복은 바로 교회의 회복이 될 것입니다.

그리고 처음 복음의 회복은 강단에서 시작되어야 합니다.

담임목사 직에서 물러나 다시 목회를 돌아보았습니다.

다시 목회를 한다면 무엇을 먼저 설교할까를 생각했습니다.

제 대답은 역시나 복음이었습니다.

그래서 은퇴 후 주어진 강단의 기회에서 다시 복음 앞에 섰습니다.

그리고 새 언약의 책을 열어 복음을 묵상했습니다.

그 결과로 《다시 들어야 할 처음 복음》이 태어났습니다.

어쩌면 이 책은 저의 목회의 결론이요 결산입니다.

복음을 다시 설교하면서 행복했습니다.

복음으로 다시 태어나는 영혼들을 보았기 때문입니다.

복음으로 다시 무장되는 교회를 보았기 때문입니다.

복음의 영광을 보았기 때문입니다.

복음의 적용은 좁을 수도 넓을 수도 있습니다.

그러나 복음의 핵심은 오직 그리스도입니다.

우리를 위해 죽으시고 다시 사신 그리스도입니다.

저는 그리스도가 다시 한국 교회의 머리가 되는 것을 보고 싶습니다.

그리스도가 다시 사람들의 구주와 주님이 되는 것을 보고 싶습니다.

복음을 위해 삶을 드리기 원하는 모든 이들에게 이 책을 헌정합니다.

주후 2014년 새 봄의 길목에서

복음의 종 된, 이동원(지구촌교회 원로)목사 드림

이제 당신을 향한

하나님의 놀라운

사랑 이야기가 시작된다

마태복음 1장 1-6절, 21절

1 아브라함과 다윗의 자손 예수 그리스도의 계보라 2 아브라함이 이삭을 낳고 이삭은 야곱을 낳고 야곱은 유다와 그의 형제들을 낳고 3 유다는 다말에게서 베레스와 세라를 낳고 베레스는 헤스론을 낳고 헤스론은 람을 낳고 4 람은 아미나답을 낳고 아미나답은 나손을 낳고 나손은 살몬을 낳고 5 살몬은 라합에게서 보아스를 낳고 보아스는 룻에게서 오벳을 낳고 오벳은 이새를 낳고 6 이새는 다윗 왕을 낳으니라 다윗은 우리야의 아내에게서 솔로몬을 낳고

21 아들을 낳으리니 이름을 예수라 하라 이는 그가 자기 백성을 그들의 죄에서 구원할 자이심이라 하니라

예수는 인생의 통치자이십니다

어떤 가정에서 남편이 귀가하자마자 아내에게 이렇게 말했습니다.

"여보, 나 오늘 당신에게 들려줄 기쁜 소식과 나쁜 소식이 있어."

아내가 물었습니다.

"무슨 소식인데요?"

"먼저 기쁜 소식, 나 오늘 1억 5천만 원이 생겼어."

"정말? 어디서 난 돈인데. 근데 나쁜 소식은 또 뭐고요?"

남편이 한숨을 쉬면서 대답합니다.

"나 오늘 직장에서 잘렸어. 1억 5천만 원은 퇴직금이야!"

우리가 사는 오늘의 세상은 온갖 소식들로 꽉 차 있습니다. 다양한 방송 매체들은 이런 소식들을 뉴스라는 이름으로 다투어 여과 없이 방출합니다. 그리고 이런 소식들은 대부분 나쁜 소식으로, 우리를 우울하게 만듭니다. 최근에도 스포츠 스타의 아내이자 유명 여성 연예인의 자살에 이어 그녀의 동생이 뒤를 따랐고, 급기야 두 아이를 남겨 두고 그녀의 남편인 스포츠 스타까지 자살한 일이 있습니다. 우리 모두를 우울하게 한 사건입니다. 과연 우리네 세상에 우리에게 정말 기쁨을 주는 소식이 존재나 하는 것일까요?

성경은 그렇다고 말합니다. 성경의 가르침은 단순한 철학이나 사상, 교훈이나 도덕이 아니라 '복음'입니다. 복음은 희랍어로 '유앙겔리온'입니다. '유'는 'good', '앙겔리아'는 'message'로, 곧 '굿 메시지' 혹은 '굿 뉴스'입니다.

신약성경은 네 개의 복음서로 시작합니다. 복음의 핵심은 예수 그리스도이십니다. 마태의 증언을 빌리면 그분은 '아브라함과 다윗의 자손 예수 그리스도'이십니다. 하나님은 이 복음이신 예수 그리스도를 증거하기 위해 네 명의 증인들을 사용하셨습니다. 네 명의 증인들이 증거한 하나의 참으로 기쁜 소식, 이것이 바로 복음의 본질입니다. 그리고 네 명의 증인은 마태와 마가, 누가, 요한입니다.

복음은 하나이지만 네 명의 독특한 증인이 각각의 개성을 가지고 예수 그리스도 사건을 증언했습니다. 네 개 복음서에서 예수 그리스도의 사건들을 다룰 때 사소한 차이가 드러나는 것은 사건이 불확실해서가 아니라 네 증인의 관점의 차이 때문입니다. 대선을 취재하고 보도하면서 조선, 중앙, 동아일보의 기사와 한겨레, 경향, 오마이뉴스의 기사가 차이는 있으나 그것이 일어난 사건 자체를 부인하는 것은 아닌 것과 같습니다. 오히려 각각 다른 관점의 기사를 읽으며 좀 더 조화로운 관점, 혹은 통합적 관점을 가질 수 있습니다. 신약성경의 순서는 초대교회가 성경을 배열한 순서에 따른 것입니다. 여기서도 그 순서에 따라 마태가 증언한 복음을 먼저 살펴보겠습니다. 마태가 증언한 복음의 핵심은 무엇일까요?

복음은 아브라함 언약을 성취하는 축복입니다

마태복음 1장은 예수님의 족보로 시작하고, 그 족보의 시작이 바로 아브라함입니다.

아브라함과 다윗의 자손 예수 그리스도의 계보라 (마 1:1)

왜 이렇게 시작할까요? 마태복음은 본래 마태복음의 기자가 유대인을 일차적인 대상으로 기록한 것입니다. 그래서 마태복음의 많은 부분에 구약의 역사적 증언들을 인용했습니다. 그렇게 함으로써 예수님을 통해 이 예언들이 성취되었음을 증거합니다.

이 모든 일이 된 것은 주께서 선지자로 하신 말씀을 이루려 하심이니
(2:15, 18, 23 참조)

성취될 예언 중에 가장 중요한 것이 유대인의 조상인 아브라함과의 언약입니다. 창세기 12장에 보면 하나님께서 아브라함에게 갈대아 우르라는 고향을 떠나 새로운 땅으로 갈 것을 명하십니다. 그렇게 명하며 약속을 주시는데, 그 약속이 바로 아브라함과의 언약입니다.

2 내가 너로 큰 민족을 이루고 네게 복을 주어 네 이름을 창대하게 하리니 너는 복이 될지라 3 너를 축복하는 자에게는 내가 복을 내리고 너를 저주하는 자에게는 내가 저주하리니 땅의 모든 족속이 너로 말미암아 복을 얻을 것이라 하신지라 (창 12:2-3)

어떻게 한 사람 아브라함의 존재가 땅의 모든 족속에게 복을 얻게 할 수 있을까요? 이는 아브라함의 후손인 예수 그리스도를 통해 행할 온 인류의 구원 계획을 예언하는 것입니다. 마태는 온 땅 모든 족속에게 복을 얻도록 아브라함의 후손으로 예수 그리스도가 이 땅에 오셨다고 기록합니다. 그러므로 우리가 예수를 믿고 구원을 받는 순간, 우리는 축복의 사람이 된 것입니다. 예수 그리스도가 우리의 구원, 우리의 축복이 되신 것입니다.

아브라함과의 언약은 거기에서 끝나지 않습니다. 이제 예수 그리스도를 모신 사람들은 아브라함처럼 우리 이웃에게 축복이 되는 삶을 살아야 합니다. 창세기 12장 2절의 "복이 되라"는 말씀이 바로 그것입니다. 이런 우리의 갈망을 담아 다음과 같은 가스펠을 노래합니다.

당신은 하나님의 언약 안에 있는 축복의 통로
당신을 통하여서 열방이 주께 돌아오게 되리 주께 예배하게 되리
(축복의 통로)

마태가 전한 복음이 위 가사에 정확하게 잘 담겨 있습니다. 복음은 우리가 예수를 구주로 믿고 구원의 축복을 누리고, 이제 그 축복을 가까운 이웃뿐 아니라, 저 먼 열방에 이르기까지 전하며 살게 된다는 것입니다. 실제로 마태복음 마지막 대목에는 가서 모든 족속에게 이 복음을 전하고 열방을 제자로 삼으라는 지상명령이 기록되어 있습니다. 이 축복된 삶을 위해 우리는 떠날 것을 떠나고 버릴 것을 버리는 결단을 해야 합니다. 아브라함이 옛 고향, 옛 친족을 떠남으로써 새 고향, 새 민족, 새 인생을 얻은 것처럼 말입니다. 복음은 과감하게 떠나는 사람들을 위해 진정한 축복 인생을 준비합니다.

복음은 다윗 왕을 통해 바라본 왕국의 도래입니다

앞서 말했듯 마태는 이 복음서를 쓸 때 유대인들을 일차적인 대상
으로 했습니다. 마태를 이 복음서의 기자로 선택한 이유도 그가 누구
보다 유대인의 속성을 잘 아는 유대인 세리였기 때문입니다. 그는 날
마다 세관에서 유대인들을 상대하며 세금 걷는 일을 했습니다. 그의
본명은 '레위'이며, 마태는 '하나님의 선물'이라는 뜻으로 그가 예수
를 믿고 얻은 새 이름입니다.

과거 유대인들에게 세금을 착취하여 로마를 기쁘게 하던 그가 이
제는 유대인의 진정한 갈망을 대신해 희망의 복음서를 기록합니다.
로마 제국에 눌려 살던 그들의 유일한 희망은 그들이 진정으로 존경
하는 성군 다윗 왕의 시대를 다시 한 번 맞이하는 것이었습니다. 그
바람을 이어 오늘날까지도 유대인들은 국기에 다윗의 별을 사용합니
다. 그들은 그와 같은 다윗 왕의 시대가 메시아를 통해 실현될 것이
라고 믿었습니다. 마침 마태는 아브라함과 다윗 왕의 후손으로 예수
그리스도가 오셨다고 선포했습니다.

마태복음 2장 2절에 보면 동방 박사들이 메시아의 탄생을 알리는
별을 보고 예루살렘에 찾아와 누구를 찾았습니까?

유대인의 왕으로 나신 이가 어디 계시냐 우리가 동방에서 그의 별을 보고
그에게 경배하러 왔노라 (마 2:2)

그는 진정 유대인이 소망하며 기다리던 왕이셨습니다. 이후 예수 그리스도는 마태복음 13장을 통해 그분이 가져오실 왕의 나라, 하나님 나라의 본질을 제자들에게 설명하십니다.

왕의 책임이 무엇입니까? 다스리는 일입니다. 인생을 살며 우리가 가진 가장 큰 고민은 "누가 나를 다스리는가?"입니다. 물론 우리 가운데 많은 이들은 내가 나를 다스린다고 할 것입니다. 그러나 그 일이 잘 되고 있습니까? 이런 이야기가 있습니다. 옛날 독일이 프러시아 제국으로 불리던 시절, 한 왕이 평민 복장을 하고 민정 시찰에 나섰습니다. 시장을 거쳐 한 공원에 들어갔다가 우연히 노인을 만나 물었습니다.

"노인은 뭘 하는 분이십니까?"

"나요? 나는 왕이오."

그래서 다시 진지하게 왕이 물었습니다.

"아, 그러시군요. 실례지만 어느 나라를 다스리십니까?"

그때 이 노인이 의미심장한 대답을 합니다.

"나는 나 자신의 왕국의 왕이요."

그래서 다시 왕이 묻습니다.

"잘 다스려지십니까?"

노인은 갑자기 풀이 죽은 음성으로 대답합니다.

"그저 그렇지요, 뭐."

왕은 노인에게 손을 내밀어 악수를 청하며 이렇게 말했다고 합니다.

"나와 같은 처지이시군요."

그런데 본문의 마태는 이렇게 선언합니다.

"예수 그리스도, 그가 바로 우리의 왕이시라!"

마태의 복음은 이 땅 모든 지도자들에게, 낙심하고 스스로에게도 절망한 숱한 사람들에게 예수만이 왕이라고 전합니다. 마태복음의 사람들은 예수께 나아오며 "다윗의 자손, 예수여 나를 불쌍히 여겨주소서. 나를 도와 주소서"라고 외칩니다. 그리고 그들은 병에서 놓임을 받고 귀신의 통치에서 해방되어 하나님이 다스리시는 하나님 나라의 백성이 됩니다. 이것이 바로 마태의 복음입니다. 마태가 전한 복음의 본질은 예수가 하늘나라의 기름 부음을 받은 왕으로서 우리 인생의 통치자가 되신다는 소식입니다.

복음은 죄인들을 사용하시는 은혜의 통로입니다

마태복음 1장에 기록한 예수 그리스도의 족보의 중요한 특성 하나는 예수님의 육체적 조상들 중에 말도 안 되는 부류의 부끄러운 조상들까지도 과감하게 노출한다는 점입니다. 어쩌면 그것은 마태복음을 쓴 기자 마태의 열등감과 무관하지 않아 보입니다. 세리 마태는 유대인들이 증오하는 로마 정부를 위해 일하던 사람입니다. 그래서 그에게는 민족 반역자라는 불명예스러운 칭호가 따라 다녔을 것입니다. 그러던 그를 메시아라 불리는 예수가 제자로 받아 주셨으니 그에게는 파격적인 은혜로 느껴졌을 것입니다.

그는 세금 장부를 기술하던 손으로 붓을 들어 예수의 생애를 증언하는 복음서를 기술하면서 지금까지 유대인 어느 역사가도 시도하지 않은 파격을 연출합니다. 메시아 예수의 족보를 기록하면서 마땅히 은폐시켜야 할 인물들을 노출시킨 것입니다. 그가 그리한 것은 하나님의 인간 기용은 사람들의 보편적 편견을 초월하신다는 증언을 하고 싶어서였을 것입니다.

첫 번째 파격은 마태는 당시로는 족보에 전혀 기록하지 않았던 여성의 이름을 네 명이나 등장시킵니다. 그 여성들은 아브라함의 아내 사라나 이삭의 아내 리브가 같은 여인들이 아니었습니다. 다말은 자기 시아버지를 성적으로 유혹한 여인이었고, 라합은 기생 혹은 창녀 출신이었습니다. 그리고 우리야의 아내 밧세바는 다윗 왕의 생애에 유일한 스캔들을 안긴 다윗의 간음의 대상이 아니었습니까? 룻은 아름답고 훌륭한 여인이었지만 이스라엘의 조상이 되기에는 결정적 불가 요소인 이방인 모압 출신이었습니다.

이어지는 구세주의 족보는 처녀의 몸으로 잉태한 마리아와 연결됩니다. 마태는 결정적인 순간에 주의 천사를 등장시켜 요셉에게 예수 탄생의 의미를 전합니다.

아들을 낳으리니 그 이름을 예수라 하라 이는 그가 자기 백성을 죄에서 구
원할 자 이심이라 (마 1:21)

<u>죄인의 구세주이신 예수가 친히 죄인의 혈통을 타고 오셔서 우리
를 구원하셨습니다. 그리고 이 결정적인 역사적 사실을 통해 마태는
그의 복음을 전합니다. 메시아를 이 땅에 보내시기 위해 세상이 버린
죄인들을 사용하신 하나님은 오늘도 우리의 과거와 상관없이 우리
를 사용하실 수 있습니다. 그러므로 마태의 복음은 죄인들을 사용하
시는 은혜의 통로를 보여 주고 있습니다.</u> 은혜의 의미가 무엇입니까?
자격이 없는 이들에게 베푸시는 하나님의 일방적인 사랑입니다.

18세기 중엽 영국에 한 노예 상인이 있었습니다. 그는 서부 아프
리카를 오가며 노예 무역을 하다 어느 날 배가 난파하고 맙니다. 그
위기의 순간에 그는 신의 도움을 부르짖었고 구조를 받자 이후부터
성경을 읽기 시작합니다. 자신이 죄의 노예임을 깨달은 그는 예수 그
리스도의 은혜로만 구원받는 복음의 진리를 깨우치고 복음 전도자의
길에 헌신합니다. 영국 올리에 있는 그의 묘비에는 다음과 같은 고백
이 새겨져 있습니다.

"한때는 이교도였으며 탕자요 아프리카 노예 상인이었던 존 뉴턴은 예수 그리스도의 풍성하신 은혜로 되살아났고 용서 받아 새 삶을 살게 되었으며 그가 오랫동안 없애려고 했던 믿음을 전파하는 자가 되었다."

그가 작사한 유명한 찬양은 다음과 같습니다.

나 같은 죄인 살리신 주 은혜 놀라워
잃었던 생명 찾았고 광명을 얻었다
큰 죄악에서 건지신 주 은혜 고마워
나 처음 믿은 그 시간 귀하고 귀하다 (찬 305장)

마태도 존 뉴턴과 동일한 복음을 전했습니다. 복음은 죄인들을 사용하시는 은혜의 통로라고 부르짖었습니다. 그러면 나 같은 죄인, 그 은혜로 살리심을 받은 동일한 은혜를 간직한 자로서 우리도 이 은혜의 통로로 남은 삶을 사시겠습니까?

마가복음 1장 1절, 14-15절

1 하나님의 아들 예수 그리스도의 복음의 시작이라
14 요한이 잡힌 후 예수께서 갈릴리에 오셔서 하나님의 복음을 전파하여 15 이르시되
때가 찼고 하나님의 나라가 가까이 왔으니 회개하고 복음을 믿으라 하시더라

복음은 돌이켜 내 삶의 방향키를 예수님께 맡김으로 경험하는 구원입니다

빌 게이츠가 마이크로 소프트 CEO로 일할 때의 일입니다. 그는 직원 영입에서 매우 중요한 조건이라며 파격적인 원칙을 발표했습니다. 이력서에 실패한 경험을 기록하는 사람을 우대한다는 것이었습니다. 실패가 주는 경험보다 더 가치 있는 경험은 없기 때문이라는 이유였습니다. 단, 실패를 통해 무엇을 배웠는지 함께 기록해야 하는 조건이 붙었습니다.

이번에 소개하고자 하는 사람도 바로 복음 사역에서 실패 전력을 가진 사람입니다. 그는 본래 좋은 신앙을 가진 어머니의 영향을 받으며 예루살렘에서 자라났습니다. 경제적으로 여유가 있었던 그의 어머니는 큰 다락방을 마련해 교회 모임을 위해 활용했습니다. 또한 그는 사도 베드로가 내 아들이라고 부르며 가장 신임한 제자였습니다. 그리고 그는 바나바의 조카이기도 합니다.

그의 실패의 역사는 안디옥교회가 파송한 바울과 바나바의 제1차 전도여행에서 시작합니다. 한창 전도여행 중에 있던 그는 리더였던 바울과 바나바의 허락을 받지 않고 중간에(밤빌리아 버가 지역) 대오에서 이탈해 혼자 예루살렘으로 돌아갑니다. 바울은 이런 무책임한 사람과 제2차 전도여행에 동행할 수 없다고 판단하지만 바나바는 바울과 생각이 달랐고 결국 둘 사이에 다툼이 일어나 결국 전도 팀은 둘로 나뉩니다. 그러나 감사한 것은 그것이 그의 삶의 마지막 이야기가 아니라는 것입니다.

바울이 로마의 감옥에 갇힌 자 되어 골로새서를 쓰면서 자신을 대신해 그를 그곳으로 파송합니다. 그 후 바울 사도는 자신의 최후를 예감하며 마지막 편지를 쓰면서 누구보다 그를 보고 싶어 합니다. 디모데후서 4장 11절에서 "그가 나의 일에 유익하니"라고 말하며, 이제 그를 자신에게 보내 달라고 말합니다. 그리고 그는 예수 그리스도의 생애를 증언하는 복음서를 씁니다. 그가 바로 마가 혹은 마가 요한입니다. 마가 요한이 전하는 복음의 핵심은 무엇일까요?

복음은 예수 그리스도가 하나님의 아들이라는 소식입니다

4복음서를 읽어 가며 우리는 흔히 마태복음을 가장 먼저 쓰고 그 다음으로 마가복음을 썼을 것이라고 생각하기 쉽습니다. 그러나 성경학자들의 연구에 의하면 4복음서 중 제일 먼저 기록된 것은 마가복음이고, 마태복음과 누가복음은 마가복음에다가 조금씩 내용을 더 보충한 결과라고 말합니다. 실제로 마태복음에는 마가복음에서 90퍼센트 정도를 인용했고, 누가복음은 마가복음의 40퍼센트를 인용했습니다. 마가복음은 모두 661구절로 되어 있는데 그중 600구절이 마태복음과 누가복음에 기록되어 있습니다. 그러니까 4복음서 중 마가복음이 오리지널 복음서라고 할 수 있습니다. 이 오리지널 복음서는 복음에 대한 선언으로 시작합니다.

하나님의 아들 예수 그리스도의 복음의 시작이라 (막 1:1)

여기서 마가는 복음의 핵심을 예수가 그리스도이시며 하나님의 아들이심을 선포하는 것으로 설명합니다.

예수가 그리스도라는 선언은 구약의 기름 부음 받는 왕과 선지자, 제사장의 소명을 완성할 자 곧 우리를 다스리시고 우리를 진리로 인도하시고 우리의 죄 문제를 해결할 구세주로 오셨음을 증언하는 것입니다. 나아가 예수는 하나님의 아들 곧 하나님의 신성을 갖고 오신 분으로서, 우리에게 하나님을 가장 잘 보여 주시고 우리를 하나님께로 인도할 자이심을 증거하는 것입니다.

제가 미국에서 살 때 저희 집은 아이들이 다니는 고등학교 바로 건너편에 있었습니다. 그렇다 보니 아들 친구들이 정거장처럼 저희 집을 찾았고 제 큰아들의 머리 깎는 솜씨가 소문나면서 언젠가부터 저희 집은 마치 이발소를 방불케 했습니다. 그런데 아들 친구들이 초인종을 누르고 집에 들어설 때 보면 참으로 당당했습니다. 어떻게 그렇게 할 수 있었을까요? 이 집 아들과 자신은 친구라는 것, 곧 아들의 권세 때문이었습니다. 예수께서 하나님의 아들로 이 땅에 오심으로 우리 모두는 그분의 친구가 되어 당당하게 하나님께 나아가게 되었습니다. 이것이 복음이 아니겠습니까?

마가복음은 예수님이 하나님의 아들이심을, 무엇보다 하나님 아버지가 친히 증언해 주십니다.

하늘로부터 소리가 나기를 너는 내 사랑하는 아들이라 내가 너를 기뻐하노라 (막 1:11)

또 제자들은 변화산상에서 다시 하늘 아버지의 음성을 듣습니다.

마침 구름이 와서 그들을 덮으며 구름 속에서 소리가 나되 이는 내 사랑하

는 아들이니 너희는 그의 말을 들으라 하는지라 (막 9:7)

그분이 하나님의 아들 되심을 심지어 귀신까지도 증언합니다.

더러운 귀신들도 어느 때든지 예수를 보면 그 앞에 엎드려 부르짖어 이르되 당신은 하나님의 아들이니이다 (막 3:11)

심지어 예수를 십자가에 못 박은 백부장조차 그의 죽음을 입회하며 이렇게 고백합니다.

예수를 향하여 섰던 백부장이 그렇게 숨지심을 보고 이르되 이 사람은 진실로 하나님의 아들이었도다 하더라 (막 15:39)

복음은 바로 예수 그리스도가 하나님의 아들이라는 소식입니다.

복음은 인자로 오신 예수가 속죄의 제물이 된 사실입니다

마가복음은 예수님을 하나님의 아들로 증거할 뿐 아니라, 사람의 아들 인자(人子)라고 증거합니다. 정확하게 말하면 하나님의 아들이 사람의 아들이 되어 이 땅에 오신 것입니다. 인자(人子)라는 예수님의

타이틀에는 이 땅에 오신 목적, 즉 메시아적 소명이 담겨 있습니다.

> 인자가 많은 고난을 받고 장로들과 대제사장들과 서기관들에게 버린 바
> 되어 죽임을 당하고 사흘 만에 살아나야 할 것을 비로소 그들에게 가르치
> 시되 (막 8:31)

이것이 바로 복음입니다. 복음의 핵심은 바로 예수 그리스도의 고
난과 죽음, 그리고 부활입니다. 그러면 그는 왜 고난을 받고 죽임을
당하시고 부활하셔야 했습니까?

> 인자가 온 것은 섬김을 받으려 함이 아니라 도리어 섬기려 하고 자기 목숨
> 을 많은 사람의 대속물로 주려 함이니라 (막 10:45)

그가 고난당하고 죽으신 것은 우리를 구원하시기 위해 기꺼이 자
신을 대속 제물로써 내놓으신 것입니다.

대속의 제물로 메시아가 오실 것을 예언한 대표적인 선지자는 이
사야였습니다. 위에서 이미 인용한 마가복음의 두 구절 8장 31절과
10장 45절은 다 이사야의 예언이 성취된 것이라 할 수 있습니다. 이
사야 52장 13절부터 53장 12절을 가리켜 성경학자들은 '여호와의
고난받는 종'에 대한 예언이라고 부릅니다. 마가는 바로 예수님이 여

호와의 고난받는 종이 되어 오셔서 대속의 제물이 되는 미션을 완수하셨다고 기록합니다.

> 4 그는 실로 우리의 질고를 지고 우리의 슬픔을 당하였거늘 우리는 생각하기를 그는 징벌을 받아 하나님께 맞으며 고난을 당한다 하였노라 5 그가 찔림은 우리의 허물 때문이요 그가 상함은 우리의 죄악 때문이라 그가 징계를 받으므로 우리는 평화를 누리고 그가 채찍에 맞으므로 우리는 나음을 받았도다 (사 53:4-5)

이것이 바로 복음입니다. 그의 대속적 고난, 그리고 그의 대속적 죽으심으로 우리가 용서와 치유, 화평과 구원을 얻었다는 사실입니다. 이것이 바로 마가가 전한 복음입니다.

복음은 회개와 믿음으로 우리가
하나님 나라의 백성이 되는 것입니다

마가복음 1장 2절 이하에 보면 복음의 시작을 천명한 마가는 이제 다시 구약 선지자들의 말씀을 인용하며 사람들이 메시아를 영접하도록 준비시키기 위해 주께서 침례(세례) 요한을 보내시고 그에게 회개의 침례(세례)를 베풀게 하셨다고 증거합니다. 그런 요한의 증언대로 드디어 때가 찬 시각에 메시아 되신 예수께서 이 땅에 오셨습니다. 그 예수님의 공생애 제1성, 첫 가르침의 말씀은 무엇이었습니까?

이르시되 때가 찼고 하나님의 나라가 가까이 왔으니 회개하고 복음을 믿으라 (막 1:15)

왕이신 예수님을 영접하고 하나님의 통치를 받는 하나님 나라 백성이 되기 위해 마가가 제시한 조건은 두 가지입니다. "회개하고 복음을 믿으라"는 것입니다.

복음의 핵심은 예수가 메시아 곧 그리스도라는 것입니다. 그 예수님을 구세주로 믿기 위해서는 자신과 우상을 믿고 있던 자리에서 돌이켜야 합니다. 나는 나의 구세주가 될 수 없음을 깨닫고 "예수님, 정말 당신만이 제 삶의 구주이시고 주님이십니다"라고 고백하는 순간, 우리는 하나님 나라의 백성이 됩니다. 또한 하나님의 의롭다 하시는 구원의 시작이며 복음적 회심의 순간입니다.

타이티닉호의 비극적인 침몰 사건을 생각해 봅니다. 이 배가 침몰한 원인을 두고 지금도 기계적, 과학적 차원에서 논쟁이 이어지고 있습니다. 많은 이견들이 있으나 공통적으로 지적하는 한 가지가 있습니다. 바로 타이나틱호의 선장 에드워드 존 스미스의 방심입니다. 그는 배에 탄 선객과 기자들에게 "이 배는 신도 침몰시킬 수 없다"며 호

언장담합니다. 그러고는 배의 항해를 맘껏 즐기라며 과속으로 배를 몰았습니다. 탐조등과 망대를 설치하지도 않았고 야간에 관측 요원을 배치해 배의 방향을 점검하지도 않았습니다. 무엇보다 중요한 배의 방향 점검하는 일을 소홀히 한 것입니다. 빙산을 발견하고도 이배는 암초 따위는 문제없다고 오판을 했습니다. 너무 늦기 전에 그가 했어야 할 가장 중요한 일은 배의 방향을 바꾸는 일이었습니다. 그것이 바로 침례(세례) 요한이 그리고 예수님이 선언하신 회개의 의미입니다. 방향을 바꾸는 일입니다.

마가가 전한 예수님 공생애의 제1성, 그것은 듣기 싫은 소리였지만 복음이었습니다.

이르시되 때가 찼고 하나님의 나라가 가까이 왔으니 회개하고 복음을 믿으라 (막 1:15)

이제 과속으로 달리던 우리 인생의 배를 멈추고 배의 키를 돌리시겠습니까? 그리고 구세주이신 예수님의 인도하심을 따라 하나님 나라를 향한 새 항해를 시작하시겠습니까? 내 인생의 방향을 돌이키는 일, 그것이 회개이며 나 자신이 아닌 예수님을 인생의 선장으로 믿고 모시는 일, 그것이 바로 복음을 믿는 결단입니다. 이것이 바로 마가가 전한 구원의 복음입니다. 이 구원의 복음을 받아들이시겠습니까?

누가복음 2장 10-14절; 24장 45-48절

¹⁰천사가 이르되 무서워하지 말라 보라 내가 온 백성에게 미칠 큰 기쁨의 좋은 소식을 너희에게 전하노라 ¹¹오늘 다윗의 동네에 너희를 위해 구주가 나셨으니 곧 그리스도 주시니라 ¹²너희가 가서 강보에 싸여 구유에 뉘어 있는 아기를 보리니 이것이 너희에게 표적이니라 하더니 ¹³홀연히 수많은 천군이 그 천사와 함께 하나님을 찬송하여 이르되 ¹⁴지극히 높은 곳에서는 하나님께 영광이요 땅에서는 하나님이 기뻐하신 사람들 중에 평화로다 하니라
⁴⁵이에 그들의 마음을 열어 성경을 깨닫게 하시고 ⁴⁶또 이르시되 이같이 그리스도가 고난을 받고 제삼일에 죽은 자 가운데서 살아날 것과 ⁴⁷또 그의 이름으로 죄 사함을 받게 하는 회개가 예루살렘에서 시작하여 모든 족속에게 전파될 것이 기록되었으니 ⁴⁸너희는 이 모든 일의 증인이라

chapter 3 누가가 전한 복음

복음은 오직 예수의 피로 죄 사함의 은혜를 누리는 새로운 삶입니다

기독교 사상가 고 함석헌 선생의 작품 중에 "그 사람을 가졌는가" 라는 시가 있습니다.

만리길 나서는 길

처자를 내 맡기며 맘 놓고 갈 만한 사람

그 사람을 그대는 가졌는가

온세상 다 나를 버려

마음이 외로울 때에도 '저 맘이야' 하고 믿어지는

그 사람을 그대는 가졌는가

탔던 배 꺼지는 시간

구명대를 서로 사양하며 '너 만은 제발 살아다오' 할

그 사람을 그대는 가졌는가 (중략)

잊지 못할 이 세상 놓고 떠나려 할 때

'저 하나 있으니' 하며 빙긋이 웃고 눈을 감을

그 사람을 그대는 가졌는가 (중략)

초대교회의 위대한 사도 바울에게 함석헌 선생이 묘사한 그런 사람이 있었다면 바로 누가입니다. 바울 사도와 끝까지 생사고락을 같이한 동역자가 바로 누가였기 때문입니다.

바울은 그를 '사랑받는 의사 누가'(골 4:14)라고 부릅니다만, 누가는 요즘 말로 하면 멀티 플레이어였습니다. 우선 그는 유능한 의사였습니다. 누가가 기록한 누가복음서와 사도행전에는 병자들에 대한 의학적 묘사들이 매우 치밀하게 기록되어 있습니다. 의사로서의 그의 전문성을 증언하는 증거라고 할 만합니다. 사도행전에서 바울의 전도여행 장면에는 종종 '우리가'(we-section)라는 표현이 등장합니다. 바울과 함께 의사 누가가 동행하고 있음을 보여 주는 장면입니다. 육체의 가시를 지니고 있다고 고백한 바울에게 의사 누가의 동행은 얼마나 큰 힘과 격려가 되었을까요? 바울이 그의 마지막 편지인 디모데후서를 쓸 당시 "누가만 나와 함께 있느니라"(딤후 4:11)고 기록합니다. 그는 유능할 뿐 아니라 의리 있는 의사였습니다. 그러나 그는 또한 바울을 만나 전도여행에 동행하면서 바울과 함께 복음을 전하는 영혼의 의사 곧 전도자가 되었습니다.

누가는 유능한 음악가였습니다. 누가복음서에는 〈마리아의 찬미〉(1:46–56, the Magnificat)를 위시한 여러 노래들(〈사가랴의 노래〉 1:67–79, the Benedictus, 〈천사들의 노래〉 2:13–14, the Gloria, 〈시므온의 노래〉 2:28–32, the Nunc Dimittis)이 등장합니다. 무엇보다 그는 치밀한 역사가였습니다. 초대교회의 유일한 역사서인 사도행전의 기록자입니다. 예수님의 생애를 기록하고자 누가복음을 시작하면서 그가 쓴 서두만 읽어 보아도 이를 알 수 있습니다.

우리 중에 이루어진 사실에 대하여 (눅 1:1)

그는 사실을 기록한다고 선언하고 시작합니다.

처음부터 목격자와 말씀의 일꾼 된 자들이 전하여 준 그대로 내력을 저술하려고 붓을 든 사람이 많은지라 그 모든 일을 근원부터 자세히 미루어 살핀 나도 (눅 1:2–3)

'자세히 미루어 살폈다'라는 구절은 희랍어로 'akribos'로써 '정확

다시 들어야 할 처음 복음 37

한 연구'를 뜻합니다. 요즘 말로 하면 정확한 리서치를 근거로 기록했다는 것입니다. 누가복음은 누가 기록했습니까? 누가입니다. 마가가 베드로를 대신해 그리스도의 생애를 기록했다면 누가는 바울을 대신해 그리스도의 생애를 증언했습니다. 그리고 이 복음서가 일차적 대상으로 삼은 것은 이방인들임이 분명합니다. 누가 자신이 이방인이었음을 보아도 알 수 있습니다. 그렇다면 의사요, 전도자요, 음악가요, 역사가인 누가가 증언한 복음의 핵심은 무엇일까요?

복음은 예수께서 세상의 구주로 오신 소식입니다

아기 예수께서 탄생하시던 밤, 베들레헴 지경 밖 양 치던 목자들에게 제일 먼저 복음을 전한 메신저는 천사였습니다.

천사가 이르되 무서워하지 말라 보라 내가 온 백성에게 미칠 큰 기쁨의 좋은 소식을 너희에게 전하노라 (눅 2:10)

이것은 우리가 인생을 살아가며 경험하는 소소한 기쁨의 뉴스가 아니었습니다. 천사는 '큰 기쁨의 좋은 소식'이라고 했습니다. 그것은 세상에서 지금까지 들을 수 없었던 좋은 소식 곧 복음이었습니다.

이 말씀이 기록되던 당시 종종 로마 황제가 전하는 메시지를 가지고 와서는 자신들을 '복음의 사자'라고 말하곤 했습니다. 하지만 결국 백성이 들어야 했던 소식은 삶을 더욱 고달프게 하는 명령들뿐이었습니다. 예컨대 누가복음에서 가이사 아구스도가 내린 칙령 "가이사 아구스도가 영을 내려 천하로 다 호적하라"(2:1)는 메시지는 세금 징수를 위한 명령에 불과했습니다. 그러나 하늘의 천사가 전한 소식은 본질적으로 달랐습니다.

> 오늘 다윗의 동네에 너희를 위하여 구주가 나셨으니 곧 그리스도 주시니라 (눅 1:11)

천사는 예수를 '구주' 곧 'Saviour'라고 선포합니다. 예수는 구원을 선물로 갖고 오신 것입니다. 그리스 시대의 영웅 알렉산더는 하나의 세계라는 희망을 약속했고, 로마의 황제들은 관대한 식민정치를 통해 팍스 로마나 곧 로마의 정치적 평화를 약속했습니다. 그러나 그 누구도 구원을 약속한 자는 없었습니다.

그런데 천사는 지금 예수가 구원을 준다고 선포합니다. 또 그가 바로 구약에 약속된 하나님께서 친히 기름 부어 보내시는 구세주 곧 메시아라고 선포합니다. 그가 참된 왕이시며, 그가 참된 선지자이시며 그가 하나님과 인간 사이의 참된 중보자이자 제사장이라고 선언합니다.

<u>그가 오심으로 "주 예수를 믿으라 그리하면 너와 네 집이 구원을</u>

얻으리라"(행 16:31)는 복음의 메시지를 선포하는 일이 가능해졌습니다. 그를 믿음으로써 구원을 얻은 자로 삶을 사는 것이 가능해졌고, '하나님과 평화'하고, 참된 평화를 상실한 세상에서 '하나님의 평화'를 누리며 살게 되었습니다. 천사는 다시 증거합니다.

지극히 높은 곳에서는 하나님께 영광이요 땅에서는 하나님이 기뻐하신 사람들 중에 평화로다 (눅 2:14)

누가가 전한 복음은 예수께서 구원의 주로 오셔서 그를 믿는 사람들에게 참 평화를 주셨다는 것입니다.

복음은 예수로 말미암은 죄 사함의 소식입니다

예수께서는 구원을 선물로 갖고 오셨습니다. 이 구원의 성경적 의미는 죄를 떠나서는 올바로 이해할 수 없습니다. 성경적 구원은 '죄로부터의 구원'입니다(사회 복음을 강조하는 분들 중에는 구원의 의미를 사회적 불평등이나 구조적 억압으로부터의 구원으로 정의하기도 함). 마태복음에서 마태는 복음이신 예수의 오심을 어떻게 증거했습니까?

아들을 낳으리니 이름을 예수라 하라 이는 그가 자기 백성을 그들의 죄에

서 구원할 자이심이라 (1:21)

그러므로 우리가 증거하는 구원의 복음은 그 구원의 전제가 죄로 부터의 돌이킴 곧 회개여야 합니다. 구원의 기쁨 없이 교회 생활하는 분들은 회개의 경험이 온전치 못하기 때문입니다. 그래서 누가는 '복음 전파'를 다른 말로 '죄 사함 얻게 하는 회개의 전파'라고 말합니다.

또 그의 이름으로 죄 사함을 받게 하는 회개가 예루살렘에서 시작하여 모든 족속에게 전파될 것이 기록되었으니 (눅 24:47)

이런 죄 사함을 얻게 하시려고 예수께서는 십자가에서 고난받으시고 피 흘려 죽으시고 사흘 만에 부활하셨습니다.
인간의 삶에서 기쁨을 빼앗는 가장 강력한 요소로 죄책감을 꼽을 수 있습니다. 죄책감은 쉽게 지워지지 않습니다. 오죽하면 범죄한 다윗이 참회의 시편에서 이렇게 부르짖었겠습니까?

우슬초로 나를 정결하게 하소서 내가 정하리이다 나의 죄를 씻어 주소서 내가 눈보다 희리이다 (시 51:7)

우슬초는 벽이나 담에 자라는 식물로, 정결식에서 양의 피를 적시는 용도로, 혹은 물을 적시어 제단에 묻은 피를 닦아내는 용도로 사용했습니다. 그러나 오늘 인간의 죄를 무엇으로 씻을 수 있겠습니까? 성경은 하나님의 어린양 되신 예수의 피로만 가능하다고 말합니다.

그 아들 예수의 피가 우리를 모든 죄에서 깨끗하게 하실 것이요 (요일 1:7)

<u>우리가 회개하고 예수님 앞에 나아오는 순간 예수의 피는 우리 죄를 씻기고 우리를 온전하게 하십니다. 누가가 전한 복음은 오직 예수의 피로 말미암아서만 우리가 죄 사함을 받을 수 있다는 소식입니다.</u>

복음은 성령으로 말미암은 변화의 소식입니다

누가는 그의 복음서를 마무리하면서 우리가 이 복음의 증인이 되어야 한다고 말합니다.

너희는 이 모든 일의 증인이라 (눅 24:48)

그런데 거기서 복음서를 마무리하지 않고 다음과 같은 권면을 첨부합니다.

볼지어다 내가 내 아버지께서 약속하신 것을 너희에게 보내리니 너희는 위로부터 능력으로 입혀질 때까지 이 성에 머물라 (눅 24:49)

복음의 증인이 되기 위해서는 인간의 설득력이나 언변은 중요하지 않습니다. 오직 성령의 능력이 필요합니다. 그 성령의 능력을 입기 위해서는 예루살렘에 머물러 먼저 성령의 충만함을 받아야 한다고 말합니다. 이렇게 누가는 복음이 복음으로 전해지기 위해서 반드시 필요한 요소를 한 가지 더 첨부했습니다. 바로 성령의 능력입니다.

그래서 누가가 쓴 누가복음은 누가복음의 속편이라고 할 수 있는 사도행전으로 연결됩니다.

오직 성령이 너희에게 임하시면 너희가 권능을 받고 예루살렘과 온 유대와 사마리아와 땅 끝까지 이르러 내 증인이 되리라 하시니라 (행 1:8)

이어지는 말씀에서 이 처음 제자들은 다락방에 모여 기도했고 성령의 충만함을 입었으며, 또한 그들은 담대한 증인으로 변화되었고 그들이 살던 세상을 변화시켰습니다.

세상에서 가장 힘든 일이 무엇일까요? 아마도 인간 변화일 것입니다. 나 자신을 생각해 보십시오. 참 변하지 않는다고 생각하시지요?

구스인이 그의 피부를, 표범이 그의 반점을 변하게 할 수 있느냐 할 수 있을진대 악에 익숙한 너희도 선을 행할 수 있으리라 (렘 13:23)

검은 피부가 변하기 어렵듯, 표범의 반점을 제거하기 어렵듯 인간의 변화가 어렵다는 말입니다. 아니 불가능하다는 것입니다. 그렇다면 우리에게 희망이 없을까요? 희망이 없다면 복음은 없습니다. 그러나 구스인과 표범 이야기를 하던 예레미야는 31장에서 희망의 이야기를 시작합니다. 한마디로 희망은 새 언약에 있다고 말합니다.

여호와의 말씀이니라 보라 날이 이르리니 내가 이스라엘 집과 유다 집에 새 언약을 맺으리라 (렘 31:31)

새 언약의 핵심은 무엇일까요?

그러나 그날 후에 내가 이스라엘 집과 맺을 언약은 이러하니 곧 내가 나의 법을 그들의 속에 두며 그들의 마음에 기록하여 나는 그들의 하나님이 되고 그들은 내 백성이 될 것이라 (렘 31:33)

말씀처럼 새 언약은 우리 마음속에서부터 시작됩니다. 좀 더 분명한 해답을 에스겔서에서 보겠습니다.

또 새 영을 너희 속에 두고 새 마음을 너희에게 주되 너희 육신에서 굳은 마음을 제거하고 부드러운 마음을 줄 것이며 또 내 영을 너희 속에 두어 너희로 내 율례를 행하게 하리니 (겔 36:26-27)

성령이 일하실 때 인간 변화가 가능해집니다. 사도행전이 바로 그 변화의 역사의 장을 잘 보여 줍니다. 누가는 오순절 부흥 마당에서 베드로가 한 설교의 결론을 사도행전에서 전합니다.

베드로가 이르되 너희가 회개하여 각각 예수 그리스도의 이름으로 침 례(세례)를 받고 죄 사함을 받으라 그리하면 성령의 선물을 받으리니 (행 2:38)

그 성령이 해답입니다. 회개와 믿음으로 예수 그리스도를 영접한 사람들 안에 하나님의 선물로 찾아오시는 성령님, 그 성령으로 충만 하면 내가 변합니다. 그리고 나도 이 인간 변화의 유일한 해답인 예 수의 복음을 전하기 시작합니다. 그것이 바로 사도행전의 복음, 누가 가 증언한 복음입니다. 인간의 어떤 철학, 도덕으로도 불가능했던 변 화가 시작됩니다. 오직 성령으로 말미암은 변화의 소식입니다. 이것 이 바로 누가가 전한 복음입니다.

요한복음 20장 30–31절

30 예수께서 제자들 앞에서 이 책에 기록되지 아니한 다른 표적도 많이 행하셨으나 31 오직 이것을 기록함은 너희로 예수께서 하나님의 아들 그리스도이심을 믿게 하려 함이요 또 너희로 믿고 그 이름을 힘입어 생명을 얻게 하려 함이니라

복음은 예수를 만남으로 누리는 영원하고도 풍성한 삶입니다

신약성서의 순서를 따라 4복음에서부터 시작해 복음의 핵심을 묵상해 오고 있습니다. 복음의 핵심은 예수님이십니다. 그런데 그런 예수님의 생애를 증언하기 위해 왜 하나의 복음으로 단순하게 설명하지 않고, 네 명의 각각 다른 저자를 통해 증거했을까요?

우선 네 명의 저자가 복음서를 쓴 대상이 달랐습니다. 마태복음은 유대인을 대상으로 했습니다. 마가복음은 로마인을 우선 대상으로 했고, 누가복음은 그리스(헬라) 문화권 사람들을 우선 대상으로 썼습니다. 그런데 요한복음은 다릅니다. 이 복음서는 광범하게 모든 지역 사람들을 대상으로 썼습니다.

저는 시사적으로 민감한 국내 사건을 이해하기 위해 기본으로 각
각 다른 관점을 가진 4종류의 신문(두 개는 보수적 관점의 신문. 두 개는
진보적 관점의 신문)을 읽습니다. 그렇게 함으로써 균형 잡힌 시각을 제
공받을 수 있기 때문입니다. 하나님도 예수님의 생애를 증언하기 위
한 네 가지 보완적 관점을 위해 네 명의 기자가 필요하셨습니다.

한 성서학자는 4복음서를 예수의 생애를 노래하는 4중창이라고
말하기도 했습니다. 그러므로 4복음서는 피차 보완적 관점을 가지고
예수 그리스도의 생애를 보여 준다고 생각하면 됩니다.

사도 요한은 기도 중에 주님이 계시는 천상의 보좌를 옹위한 4생
물의 환상을 봅니다.

그 첫째 생물은 사자 같고 그 둘째 생물은 송아지 같고 그 셋째 생물은 얼
굴이 사람 같고 그 넷째 생물은 날아가는 독수리 같은데 (계 4:7)

오래전 유명한 교부 성 어거스틴은 이 네 생물이 바로 4복음서의
기자가 증언한 예수님의 네 가지 특성과 일치한다고 했습니다. 그래
서 마태복음의 별명은 사자 복음, 마가복음은 송아지 복음, 누가 복음
은 사람 복음, 요한복음은 독수리 복음입니다.

사자는 밀림의 왕입니다. 마태복음은 유대인의 왕으로 오신 예수
님을 증언하는 일에 초점을 두었습니다. 송아지나 소의 특성은 헌신

적인 노동입니다. 마가복음은 여호와의 종으로 오신 예수님을 증언합니다. 누가복음은 참된 사람으로 오신 인성을 지닌 예수님을 증언합니다. 아기 시절의 강보에 쌓인 예수, 십대 시절 성전에서 박사들과 토론하는 예수의 모습은 누가복음에만 나옵니다. 그런가 하면 독수리는 하늘의 왕자입니다. 요한복음은 독수리 복음으로 예수님의 하나님의 아들 되심, 곧 그의 신성을 증언하는 데 초점을 둡니다. 그러면 사도 요한이 전한 복음의 핵심은 무엇이겠습니까?

그 대답은 "하나님의 아들이신 예수님을 믿음으로 우리가 영원한 생명을 얻는다는 것"입니다. 본문에는 요한복음을 기록한 목적이 명백하게 드러납니다.

오직 이것을 기록함은 너희로 예수께서 하나님의 아들 그리스도이심을 믿게 하려 함이요 또 너희로 믿고 그 이름을 힘입어 생명을 얻게 하려 함이니라 (요 20:31)

예수의 하나님의 아들 되심을 믿고 생명을 얻는 것, 그것이 바로 요한이 증거한 복음의 본질입니다. 그러나 한 가지 질문이 있습니다. 예수께서 하나님의 아들이란 것을 어떻게 알 수 있습니까? 그래서 요한은 그 증거로 요한복음서에 기록된 표적들을 열거합니다.

예수께서 제자들 앞에서 이 책에 기록되지 아니한 다른 표적도 많이 행하셨으나 (요 20:30)

요한복음서에 기록된 기적 말고도 예수께서는 많은 기적들을 행하셨습니다. 그러나 31절에 '오직 이것(들)을 기록함은'이라고 하시면서 요한복음서에는 모두 일곱 가지 기적들만 기록했습니다. 이 일곱 가지 선택된 기적들은 모두 예수의 하나님의 아들 되심을 증언하는 독특한 목적을 지닌 표적들(sign)입니다. 사인(표지판)은 그 자체가 아닌 다른 무엇을 가리킵니다. 예를 들어 고속도로에 가면 부산이라는 사인(표지판)이 나옵니다. 그 표지판은 부산이 아니라 부산으로 가는 방향을 보여 줍니다. 그러므로 우리는 요한복음서의 일곱 가지 표적이 가리키는 예수님의 하나님의 아들 되심, 곧 신성의 증거들을 살펴보고자 합니다.

가나의 혼인잔치의 기적(요 2:1-11)

이 기적은 잘 아시는 대로 물을 포도주로 변화시키신 일로, 바로 질적인 변화를 나타내는 기적입니다. 예수님만이 인생에 이런 질적 변화를 가져다주신다는 사인입니다. 우리가 예수를 믿는 순간 일어난 최대 변화를 바울은 이렇게 증언합니다.

누구든지 그리스도 안에 있으면 새로운 피조물이라 이전 것은 지나갔으니 보라 새 것이 되었도다 (고후 5:17)

'새로운'(kaine)이라는 말은 희랍어에서 질적인 새로움을 뜻합니다. 예수를 그리스도 곧 구주로 만나는 순간 바로 우리에게 일어난 질적 새로움의 변화의 증언입니다. 가나의 혼인잔치 사건 이후 사도 요한은 이렇게 기록합니다.

예수께서 이 첫 표적을 갈릴리 가나에서 행하여 그의 영광을 나타내시매 제자들이 그를 믿으니라 (요 2:11)

예수께서 질적 변화의 주인이심을 보여 주는 표적이었습니다.

왕의 신하의 아들을 고치신 기적(요 4:46-54)

이것은 예수께서 유대에서 갈릴리로 오신 후에 행하신 두 번째 표적이니라 (요 4:54)

갈릴리 가나에 계신 예수님께 왕의 신하가 와서 자기 아들이 죽어

가고 있으니 고쳐 달라고 호소합니다. 그의 아들은 가버나움에 있었습니다(하루 반나절 이상 거리). 아마 아픈 아들이 있는 곳으로 가셔서 고쳐 주실 것을 기대했을 것입니다. 그런데 예수님은 "가라 네 아들이 살아 있다"(50절)고 말씀만 하십니다. 왕의 신하가 집이 있는 곳으로 가다가 길에서 하인들을 만나 예수께서 선언하신 그 순간 기적이 일어났다는 소식을 듣습니다. 예수는 누구이십니까? 이 둘째 표적은 그가 공간과 거리를 초월하여 일하시는 분임을 보여 줍니다.

베데스다 연못에서 38년 된 병자를 고치시는 기적(요 5:1-9)

38년은 이스라엘 백성이 광야를 헤맨 기간을 연상시키는 절망의 시간(신명기 2:14에 가데스 바네아에서 세렛 강에 이르기까지의 기간을 38년으로 기록함)입니다. 6절에 보면 예수께서도 그의 병이 "오래된 줄 아시고 이르시되 네가 낫고자 하느냐"고 하셨습니다. 8절에 예수께서 "일어나 네 자리를 들고 걸어가라"고 명하시자 그는 치유를 얻습니다. 시간이 문제가 아니었습니다. 시간을 초월하여 일하시는 예수님의 신성을 보여 주는 표적이었던 것입니다. 우리의 문제가 얼마나 오래되었든지 그 앞에 나아오는 사람들에게 그는 진실로 해답이시고 구원이심을 보여 주는 사인의 기적이었습니다.

5천 명을 먹이시는 기적(요 6:1-15)

여인들과 어린이를 합하면 1만 5천 명은 족히 넘었을 것입니다. 그들을 보리떡 다섯 개와 물고기 두 마리로 먹이신 기적입니다. 그분에게는 얼마나 많은 양이 있는가와 같은 필요의 문제가 아니었습니다. 우리가 직면한 문제가 얼마나 많고 크냐도 그분에게는 문제가 아닙니다. 문제를 그분에게 가지고 나아와 아뢰고 그를 참으로 신뢰하느냐 하는 것이 진짜 문제입니다. 문제의 양이 문제가 아니라 문제의 해답이신 분을 알고 있느냐 하는 것입니다. 인생 문제의 양을 초월하셔서 일하시는 기적의 예수님의 신성을 만나게 하는 표적입니다.

파도와 바람을 잠잠하게 하신 기적(요 6:16-21)

제자들이 갈릴리 바다에서 배를 타고 건너다 바람과 파도를 만났습니다. 사투를 거듭하며 절망에 빠지는 순간 예수님이 나타나시고 그를 배에 영접하자 바람과 파도는 멎고 배는 목적지에 안착합니다. 제자들은 그날 예수님이 파도와 바람을 다스리는 자연의 주인이심을 알게 되었습니다. 자연 환경을 초월해 일하시는 예수님의 신성의 표적이었습니다. 그가 바로 파도와 바람을 만드신 분임을 알게 된 제자들은 그 앞에 엎드려 하나님에게만 드리는 경배를 드리며 "당신은 하나님의 아들이라"고 고백합니다(마 14:33 참조). 그들은 그날 예수님을 하나님으로 만난 것입니다.

나면서 맹인 된 사람을 고치신 기적 (요 9:1-12)

이 사건은 나면서부터 앞을 볼 수 없는 사람을 둘러싼 제자들의 질문으로 시작합니다. 2절에 당시 사람들이 갖고 있었던 보편적 편견을 드러내는 질문이 있습니다. "랍비여 이 사람이 맹인으로 난 것이 누구의 죄로 인함이니이까 자기니이까 그의 부모니이까?"

어느 쪽이든 운명론적 인과론에 근거한 것이었습니다. 예수님의 대답은 전혀 기대와 달랐습니다.

> 예수께서 대답하시되 이 사람이나 그 부모의 죄로 인한 것이 아니라 그에게서 하나님이 하시는 일을 나타내고자 하심이라 (요 9:3)

그리고 그의 눈에 진흙을 바르시고 실로암 못에 가서 씻음으로 눈을 뜨게 하셨습니다. 한 신학자는 진흙을 바르게 하신 것은 인간을 본래 진흙으로 빚으신 그가 바로 창조주이심을 보여 주는 사건이라고 증언합니다. 그가 운명을 초월해 일하시는 운명을 바꾸실 수 있는 창조주 자신이심을 보여 주는 표적입니다.

죽은 나사로를 살리신 기적(요 11:1-44)

죽음은 인간 누구나 삶의 마지막 여정에서 피할 수 없는 절망입니다. 예수님이 이 땅에 계실 때 사랑하는 제자였던 나사로가 병을 얻어 죽게 되었습니다. 11장 3절에 "사랑하시는 자가 병들었나이다"는 기록이 있습니다. 주께서 사랑하시는 자들도 병들고 죽습니다. 만일 죽음이 인생의 마지막 사건이라면 복음은 없습니다. 그런데 예수께서 나사로의 무덤 앞에서 복음을 선포하십니다.

예수께서 이르시되 나는 부활이요 생명이니 나를 믿는 자는 죽어도 살겠고"(25절)

그리고 그는 무덤 속에 들어가 죽은 지 나흘 된 그를 향해 명하십니다.

"나사로야 나오라."

이 사건으로 그는 인류 역사의 마지막에 있을 드라마, 부활의 사건을 증언하신 것입니다. 예수가 바로 죽은 자들의 부활의 주가 되심을 보여 주는 표적입니다.

요한이 전하는 복음은 바로 이 예수가 하나님의 아들이심을 보여 준다는 것입니다. 그는 질적 변화의 주인이시고, 공간을 초월하시고 시간을 초월하시고 양을 초월하시고 어떤 상황도 운명도 초월하시고 마침내 죽음을 이기시고 죽음을 부활로 바꾸시는 분입니다. 그분이 우리 주님이 되셨다면 무엇이 두렵겠습니까?

요한이 전하는 복음은 우리가 그를 믿음으로 궁극적으로 영생을 얻는다는 것입니다. 이 영생은 죽은 다음에 누리는 천국의 소망만이 아닙니다. 요한은 요한복음서에서 영생을 지금 여기에서 현재 누리는 것으로 증언합니다. "나 보내신 이를 믿는 자는 영생을 얻었고"(요 5:24)라고 하지 않았습니까? 이어서 다음 말씀도 보십시오.

진실로 진실로 너희에게 이르노니 믿는 자는 영생을 가졌나니 (요 6:47)

내가 온 것은 양으로 생명을 얻게 하고 더 풍성히 얻게 하려는 것이라 (요 10:10)

영생은 오래오래 계속되는 생명일 뿐 아니라, 풍성한 생명입니다.

이제 요한복음 15장을 묵상해 보십시오. 가지 된 우리 성도들이 포도나무이신 예수님에게 붙어 있어 누리는 삶이야말로 바로 영생의 삶의 본질입니다. 기도의 풍성한 응답의 삶, 무엇이든지 원하는 대로 구하라 그리하면 이루리라(15:7)의 삶, 그리고 사랑과 기쁨으로 충만한 삶이 영생의 본질입니다.

내가 이것을 너희에게 이름은 내 기쁨이 너희 안에 있어 너희 기쁨을 충만하게 하려 함이라 (요 15:11)

그래서 사도 요한은 드디어 요한복음에서 이 영생의 본질, 복음의 핵심에 대한 결론을 제시합니다.

영생은 곧 유일하신 참 하나님과 그가 보내신 자 예수 그리스도를 아는 것이니이다 (요 17:3)

예수 그리스도를 알고 믿고 누리는 충만한 기쁨, 이것이 바로 복음적 삶의 본질입니다. 이 복음을 다시 말하면 '예수가 내게 모든 것'이라는 의미입니다. 세상은 우리에게 묻습니다.
"예수면 다냐?"
그때 우리는 이렇게 대답할 수 있어야 합니다.
"그래, 예수가 전부다!"
예수가 부활이고 예수가 길이고 예수가 진리이시고 예수가 생명이시고 예수가 구원이시고 예수가 소망이시고 예수가 기쁨이시고…. 이외에 무엇이 더 필요하단 말입니까? 그 예수를 영원토록 알아 가는 기쁨, 이것이 바로 영생입니다. 이것이 바로 요한이 전한 복음의 본질입니다.

사도행전 1장 1-8절

1 데오빌로여 내가 먼저 쓴 글에는 무릇 예수께서 행하시며 가르치시기를 시작하심부터 2 그가 택하신 사도들에게 성령으로 명하시고 승천하신 날까지의 일을 기록했노라 3 그가 고난 받으신 후에 또한 그들에게 확실한 많은 증거로 친히 살아 계심을 나타내사 사십 일 동안 그들에게 보이시며 하나님 나라의 일을 말씀하시니라 4 사도와 함께 모이사 그들에게 분부하여 이르시되 예루살렘을 떠나지 말고 내게서 들은 바 아버지께서 약속하신 것을 기다리라 5 요한은 물로 세례를 베풀었으나 너희는 몇 날이 못 되어 성령으로 세례를 받으리라 하셨느니라 6 그들이 모였을 때에 예수께 여쭈어 이르되 주께서 이스라엘 나라를 회복하심이 이 때니이까 하니 7 이르시되 때와 시기는 아버지께서 자기의 권한에 두셨으니 너희가 알 바 아니요 8 오직 성령이 너희에게 임하시면 너희가 권능을 받고 예루살렘과 온 유대와 사마리아와 땅 끝까지 이르러 내 증인이 되리라 하시니라

복음은 우리의 수고나 애씀이 아닌
성령의 권능으로 펼쳐질 드라마입니다

한국인의 일상에서 이제 드라마 시청이 중요한 일과가 되었습니다. 어떤 요인이 그토록 강렬하게 우리의 시선과 마음을 TV 브라운관에 집중하게 하는 것일까요? 가장 중요한 원인은 주인공들의 이야기를 절정에서 끝냄으로써 다음 편에 대한 궁금증을 유발시키기 때문입니다. 이 궁금증 때문에 우리가 드라마에 중독되는 것입니다. 그래서 옛날 드라마에는 마지막에 이런 자막이 늘 등장했습니다. "To be continued!"(다음 편에 계속) 심지어 수년 전엔 〈투비 컨티뉴드〉라는 노래도 있었습니다.

그녀의 이미지는 늘 붉은 색이죠

그녀는 슬픔 모를 것 같아요

꽃보다 더 고운 그녀의 미소는 세상사람 물들여 놓아요

내가 정말 바보였어요 왜 몰랐었는지

어쩜 기대어 울 사람이 필요했는데

그땐 알 수 없었죠 날 위로해 주던

그녀 햇살 같은 미소가 눈물이라는 걸

당시 이 노래는 꽤나 인기를 끌었습니다. 왜 이 노래가 여러 사람들의 마음을 움직였을까요? 대부분의 사람들은 지나간 사랑을 후회하면서 그 사랑이 복원되기를 기약 없이 기다리며 오늘을 살기 때문인지도 모르겠습니다. 그렇다면 우리들의 진정한 사랑 이야기, 계속될 수 있을까요?

사도행전은 누가가 전하는 복음 드라마의 후속편입니다.

데오빌로여 내가 먼저 쓴 글에는 무릇 예수께서 행하시며 가르치시기를 시작하심부터 (행 1:1)

먼저 쓴 글이 무엇일까요? 바로 누가복음입니다. 데오빌로(아마도 로마 관원의 별명이거나 상징적인 그리스도인의 칭호/데오=하나님. 빌로/필로

스=사랑, 하나님을 사랑하는 사람)라는 사람에게 보내는 서신의 형식은
정확하게 누가복음의 형식과 일치합니다. 누가복음의 첫머리와 비교
해 보십시오.

> 그 모든 일을 근원부터 자세히 미루어 살핀 나도 데오빌로 각하에게 차례
> 대로 써 보내는 것이 좋은 줄 알았노니 (눅 1:3)

의사요 전도자요 역사가인 예수님의 제자 누가에게 데오빌로에게
쓴 누가복음만으로 못다 한 이야기가 있었던 것입니다. 다시 본문 2
절에 보면 누가는 먼저 쓴 글, 즉 누가복음에서는 "그가 택하신 사도
들에게 성령으로 명하시고 승천하신 날까지의 일을 기록했노라"고
말합니다. 그렇다면 예수 승천 이후의 이야기가 궁금하지 않느냐는
것입니다. 누가가 전한 복음 드라마의 전편이 예수 탄생부터 승천까
지였다면 이제 누가는 이 복음 드라마의 후속편을 말하고 싶어 합니
다. 누가가 다시 계속해서 전하는 복음의 메시지는 무엇입니까?

복음은 예수가 하나님의 나라를 실현하신다는 소식입니다

그가 고난 받으신 후에 또한 그들에게 확실한 많은 증거로 친히 살아 계심

을 나타내사 사십 일 동안 그들에게 보이시며 하나님 나라의 일을 말씀하시니라 (행 1:3)

십자가에서 죽으시고 부활하신 후 예수께서 승천하시기까지 40일을 이 땅에 계시면서 하신 일이 무엇입니까? '하나님 나라의 일'이었습니다. 하나님 나라에 대해 가르치고 설교하신 일이었습니다. 예수님의 이 땅에서의 공생애 첫 메시지를 기억하십니까?

요한이 잡힌 후 예수께서 갈릴리에 오셔서 하나님의 복음을 전파하여 이르시되 때가 찼고 하나님의 나라가 가까이 왔으니 회개하고 복음을 믿으라 하시더라 (막 1:14-15)

복음은 하나님 나라가 가까이 왔다는 소식이었습니다. 예수님이 주신 모든 교훈의 핵심이 바로 하나님 나라였습니다. 마태복음 13장은 흔히 하나님 나라 비유의 장으로 불립니다('천국은 마치', 이렇게 시작하는 비유들로 하나님 나라의 비밀을 전하심).

하나님 나라의 본질이 무엇일까요? 한마디로 하나님의 통치입니다. 하나님의 주권적 통치가 실현되는 곳에 하나님의 나라가 임합니다. 그래서 예수님은 주기도를 통해 우리가 드릴 가장 중요한 기도가 "나라가 임하시오며 뜻이 하늘에서 이루어진 것같이 땅에서도 이루어지이다"(10절)라고 가르치셨습니다.

사도행전은 예수의 복음이 전파되면서 더 많은 사람들이 예수를 주로 영접하고, 주님의 다스림을 따름으로써 그 결과 이 땅에 하나님의 통치 영역이 어떻게 확장되어 가는가를 보여 줍니다. 복음의 소극적 영역은 예수 믿고 죄 사함을 받는 것입니다. 그러나 적극적인 영역은 주님의 주권에 순종하는 새 삶을 사는 것입니다. 우리의 죄 사함을 위해 예수께서 죽으셨다면 우리의 새로운 삶을 위해 예수께서 부활하신 것입니다.

오래전 소련이 개방(페레스트로이까)되던 시절 소련 교회에서 설교한 일이 있습니다. 소련 교회에 무엇보다 복음이 필요하다고 느껴 죄 사함의 복음, 구원의 복음을 설교했습니다. 1시간 설교하고 앉아 있는데 사회자가 찬양 한 곡 부르더니 두 번째 설교를 하라고 합니다. 아니 방금 설교하지 않았느냐고 했더니 예수님의 죽으심과 피 흘리심으로 우리가 용서 받는 것을 설교하셨는데 그러면 그 다음 부활하신 예수님이 어떻게 우리 삶을 인도하는지 설교해야 할 것이 아니냐고 했습니다. 또 소련 교회에서는 보통 주일 아침에 설교를 두세 번 듣는 것이 관례라고도 했습니다. 그래서 다시 즉흥적으로 이번에는 부활의 복음을 전했습니다. 부활하신 주님의 통치가 어떻게 우리 가정, 우리 일터에서 나타나야 하는지 전했습니다. 하나님 나라가 우리 가정과 일터에 임하는 비전을 나눈 것입니다. 그것이 바로 사도행전의 복음, 누가가 다시 전한 복음입니다.

복음은 왕이신 예수께서 하나님의 나라를 이 땅 모든 곳에서 실현하신다는 소식입니다. 예수님만이 우리 가정, 우리 일터, 우리 민족 마당에 하나님의 통치, 하나님 나라를 실현하실 수 있다는 것, 그것이 바로 사도행전의 복음입니다.

복음은 우리가 예수의 증인으로 살 수 있다는 소식입니다

문제는 하나님의 나라가 어떻게 이루어질 것인가입니다. 그 실현을 위해 주께서는 당신의 제자들을 부르시고 선택하셨습니다. 그리고 그 제자들이 당신의 증인으로 살 것을 기대하십니다. 우리가 잘 아는 약속의 말씀을 다시 봅시다.

오직 성령이 너희에게 임하시면 너희가 권능을 받고 예루살렘과 온 유대와 사마리아와 땅 끝까지 이르러 내 증인이 되리라 하시니라 (눅 1:8)

여기서 증인이란 말에는 '순교적 증인'(martures, 마르튀레스)이라는 뜻이 있습니다. 영어의 순교자를 뜻하는 martyr가 이 단어에서 나온 것입니다. 문자 그대로 목숨 걸고 증거하는 사람이 될 것을 기대하신 것입니다. 그리고 문자 그대로 우리 선배들 가운데 무수한 이들이 목

숨을 걸고 복음을 증거한 결과 오늘 우리에게도 복음이 전해졌습니다. 사도행전은 그 최초 증인들의 모습을 우리에게 보여 줍니다.

사도행전 7장에 보면 스데반(평신도 집사)이 돌로 쳐 죽임을 당하기까지 예수님을 증거하다가 마지막 "주 예수여 내 영혼을 받으시옵소서"(행 7:59)라는 기도와 함께 자신의 영혼을 주께 드립니다. 사도행전 12장에서는 예루살렘 교회의 지도자 요한의 형제 야고보가 칼로 죽임을 당합니다. 그들 모두는 복음을 증언하기 위해 감수해야 하는 고난을 오히려 특권처럼 여기며 증인의 자리를 감수했습니다.

예루살렘으로 올라가면 죽는다는 경고를 받고도 그 증인의 길을 가기로 결단한 바울의 고백을 기억하시나요?

내가 달려갈 길과 주 예수께 받은 사명 곧 하나님의 은혜의 복음을 증언하는 일을 마치려 함에는 나의 생명조차 조금도 귀한 것으로 여기지 아니하노라 (행 20:24)

사도행전의 마지막 장 마지막 구절은 로마에 입성한 바울의 모습을 이렇게 증언합니다.

하나님의 나라를 전파하며 주 예수 그리스도에 관한 모든 것을 담대하게 거침없이 가르치더라 (행 28:31)

이런 순교자들의 이야기는 평범한 일상을 사는 우리와는 상관이 없는 말처럼 들릴 수도 있습니다. 순교란 특별하게 선택된 사람들만이 누리는 선교의 특권으로 생각합니다. 과연 그럴까요? '증인'은 누가 되는 것입니까? 증인은 사건의 목격자가 되는 것입니다. 그리고 그는 자기가 본 대로 겪은 대로 그대로 정직하게 말만 하면 됩니다. 정직하기로 결심만 한다면 증인이 되는 것은 어려운 일이 아닙니다. 정직과 진실의 용기만 있으면 누구나 증인이 됩니다. 마가복음 5장에 보면 귀신 들렸던 자가 예수님을 만나 치유의 은혜를 입었을 때 예수님을 따라오는 그에게 증인의 삶을 살라는 말씀을 아주 단순하게 가르쳐 주셨습니다.

> 그에게 이르시되 집으로 돌아가 주께서 네게 어떻게 큰 일을 행하사 너를 불쌍히 여기신 것을 네 가족에게 알리라 (막 5:19)

그것이 바로 증인의 삶입니다. 주께서 어떻게 나를 구원하셨는지, 나를 고쳐 주셨는지, 어떻게 내 기도를 응답해 주셨는지, 어떻게 오늘까지 나를 인도해 주셨는지 있는 그대로 말하면 됩니다. 그것이 바로 증거입니다. 그렇게 하는 사람이 증인입니다. 그리고 그렇게 함으로써 수많은 이웃에게 희망과 구원의 길을 열어 줄 수 있습니다. 이것이 특권이 아닙니까? 내 인생이 그렇게 쓰임 받을 수 있다는 것이 자랑이 아닙니까? 그렇게 살아감이 바로 은혜가 아닙니까? 사도행전의 복음은 예수를 체험한 우리 모두가 이렇게 예수의 증인으로 살아갈 수가 있다는 것입니다.

복음은 성령의 권능으로 선교 소명을 완수한다는 소식입니다

복음을 증거하는 삶에는 때로 매우 감당하기 어려운 고난이 따를 수 있습니다. 그래서 증인이 되는 것은 정직할 용기만 있으면 된다고, 그것은 어려운 일이 아니라고 말씀드렸음에도 증인의 삶은 여전히 쉽게 여겨지지 않습니다. 그런데 여기 진짜 복음이 있습니다. 그것은 우리가 예수의 증인이 되는 것이 우리의 결단과 우리의 전략, 우리의 수고와 애씀에만 의존하는 것이 아니라는 것입니다.

성령이 임하시면 우리가 권능을 받아 그렇게 됩니다. 본문에 우리가 증거의 장으로 나아가기 전에 성령을 기다려야 한다고 말씀하십니다.

사도와 함께 모이사 그들에게 분부하여 이르시되 예루살렘을 떠나지 말고 내게서 들은 바 아버지께서 약속하신 것을 기다리라 (눅 1:4)

이는 누가가 누가복음의 마지막 대목에서도 강조한 것입니다.

볼지어다 내가 내 아버지께서 약속하신 것을 너희에게 보내리니 너희는 위로부터 능력으로 입혀질 때까지 이 성에 머물라 하시니라 (눅 24:49)

그래서 예수의 처음 제자들 120명이 마가의 다락방에 모여 기다리며 기도했습니다. 그리고 사도행전 2장에 보면 마침내 성령이 그들 위에 임하셨습니다. 그 결과를 보십시오.

빌기를 다하매 모인 곳이 진동하더니 무리가 다 성령이 충만하여 담대히 하나님의 말씀을 전하니라 (행 4:31)

그 궁극적인 결과가 바로 사도행전의 드라마를 연출한 것입니다. 복음이 예루살렘에서 유대로 사마리아로 소아시아로 유럽으로 북미로 아세아로 그리고 마침내 조용한 아침의 나라 한국에 이르기까지 전해진 것입니다. 그래서 사도행전은 성령행전이 된 것입니다.

아직도 끝나지 않은 선교라는 미완성의 과업을 완수하기 위해 우리가 할 일은 하나밖에 없습니다. 기도하고 성령의 충만을 사모해야 합니다. 성령으로 충만함을 입어야 합니다. 어떻게 전도할 것인가를 두고 너무 고민할 필요가 없습니다. 선교의 주체는 성령님이십니다. 그 성령이 임하시면 우리는 마침내 그의 권능으로 온 세상이 복음화되는 기적을 볼 것입니다.

그날이 오기 전 성령이 일하실 마지막 땅 끝은 어디일까요? 저는 그 땅 끝의 하나가 북한 땅이라는 생각을 지울 수 없습니다. 지구상의 마지막 분단국가의 반쪽, 수령 유일체제로 문을 닫고 사는 북한, 이 기괴한 왕국이 일시에 무너지는 것을 상상해 보십시오. 그때 어쩌면 그 땅에서 유일하신 수령 대신 살아 계신 하나님께로 수백만이 일시에 주께 돌아오는 거대한 부흥이 일어날 것입니다.

　그때를 위해 복음의 유일한 블루오션으로 남겨진 북한을 바라보며 우리 모두가 땅끝 선교사로 준비돼야 할 때입니다. 그런 의미에서 '블레싱 평양'도 머지않았다고 믿습니다. 그날은 제2차 평양 대부흥의 날이 될 것입니다. 복음은 우리 힘이 아닌 성령의 권능으로 우리가 선교 소명을 그 땅에서 마침내 완성하게 된다는 소식입니다. 지금은 그 복음의 증인이 되기 위해 우리 자신을 온전히 준비할 때입니다.

로마서 1장 1–4절, 15–17절

1 예수 그리스도의 종 바울은 사도로 부르심을 받아 하나님의 복음을 위해 택정함을 입었으니 2 이 복음은 하나님이 선지자들을 통하여 3 그의 아들에 관하여 성경에 미리 약속하신 것이라 그의 아들에 관하여 말하면 육신으로는 다윗의 혈통에서 나셨고 4 성결의 영으로는 죽은 자들 가운데서 부활하사 능력으로 하나님의 아들로 선포되셨으니 곧 우리 주 예수 그리스도시니라

15 그러므로 나는 할 수 있는 대로 로마에 있는 너희에게도 복음 전하기를 원하노라 16 내가 복음을 부끄러워하지 아니하노니 이 복음은 모든 믿는 자에게 구원을 주시는 하나님의 능력이 됨이라 먼저는 유대인에게요 그리고 헬라인에게로다 17 복음에는 하나님의 의가 나타나서 믿음으로 믿음에 이르게 하나니 기록된 바 오직 의인은 믿음으로 말미암아 살리라 함과 같으니라

복음은 세상과 인간을 바꾸는 유일한 해답입니다

박근혜 대통령은 취임사에서 새 정부는 경제 부흥과 국민 행복 그리고 문화 융성을 통해 새로운 희망의 시대를 열어 가겠다고 선언했습니다. 시사 평론가들은 그녀의 취임사를 지난날 대통령들의 취임사들과 비교하면서 문화에 대한 강조(19회나 사용)에 차별성이 있다고 지적한 바가 있습니다.

바야흐로 우리는 문화 혹은 문명이 사회와 국가를 만드는 시대에 살고 있습니다. 인류 역사상 가장 위대한 문화 혹은 문명은 어떤 것일까요? 역사상 가장 영향력 있는 문명이 로마 문명이었다는 것에 이의를 제기할 사람은 별로 없을 것입니다. 시오노 나나미가 쓴 《로마인 이야기》가 아직도 전 세계 베스트셀러로 팔리는 것이 한 증거입니다. 로마가 건국한 BC 753년부터 서로마가 멸망한 AD 476년까지, 그리고 동로마가 멸망한 1543년까지 계산하면 무려 2천 년의 시간 동안 존속하며 로마 문명은 세상 모든 것을 바꾸었습니다.

로마는 정복하는 정복지마다 새 도로, 새 다리를 놓았고, 수로 시설, 공공 목욕탕을 건설했으며, 원형극장을 건설해 로마 문명의 혜택을 누리게 했습니다. 모든 종교를 포괄하며 모든 문명의 장점을 편입 수용하며 로마 문명은 중세와 근대의 서양 문명, 오늘날 현대 문명의 모든 뼈대를 형성해 놓았습니다. 오늘 우리가 사용하는 법과 정치 제도, 문학과 예술, 철학과 종교, 건축과 공학, 군사와 과학을 로마 문명을 떠나서는 논할 수 없습니다. 오죽하면 "모든 길은 로마로 통한다", "로마는 하루아침에 이루어진 것이 아니다"라는 말들이 생겨났겠습니까?

로마 전성기에 로마가 마음만 먹으면 불가능은 없다는 신화가 모든 로마인의 마음에 존재했습니다. 그러나 이런 로마의 전성기에 살았던 한 식민지 출신 사람 유대인 바울은 로마가 결코 할 수 없는 한 가지를 꿰뚫어 보았습니다. 그것은 인간 구원이었습니다. 그래서 바울은 로마로 가기를 소망했습니다. 인간 구원의 유일한 해답인 복음을 당시 세계의 수도 로마에 전하기를 소원한 것입니다.

₁₀ 어떻게 하든지 이제 하나님의 뜻 안에서 너희에게로 나아갈 좋은 길 얻기를 구하노라 ₁₁ 내가 너희 보기를 간절히 원하는 것은 어떤 신령한 은사를 너희에게 나누어 주어 너희를 견고하게 하려 함이니 (롬 1:10-11)

모든 것이 가능했고 모든 것이 풍족했던 로마, 그러나 아직도 로마가 필요로 하는 것은 복음이라고 그는 확신했습니다. 그래서 로마로 가기 전 우선 그는 이 로마를 향해, 그리고 로마에 있는 한줌의 그리스도인들(그들은 아마도 오순절 예루살렘에서 일어난 부흥의 영향으로 복음을 듣고 로마로 온 사람들)에게 복음의 진수를 설명하고자 한 것입니다. 이 로마를 향해 쓰인 복음서를 읽고 어거스틴이 주님께 돌아왔습니다. 루터의 종교개혁이 시작되었습니다. 요한 웨슬레의 회심이 일어났습니다. 그렇다면 로마에 전해진 복음, 그 메시지의 핵심은 무엇이겠습니까?

복음은 예수가 선지자들을 통해 약속하신
하나님의 아들이라는 소식입니다

이 복음은 하나님이 선지자들을 통하여 그의 아들에 관하여 성경에 미리 약속하신 것이라 (롬 1:2)

여기 사도 바울의 복음의 정의를 들어 보십시오. 복음은 하나님이 그의 아들이 메시아로 오심에 대해 구약성경에 그가 이 땅에 오시기 600-700년 전에 미리 약속하신 것입니다.

그러므로 주께서 친히 징조를 너희에게 주실 것이라 보라 처녀가 잉태하여 아들을 낳을 것이요 그의 이름을 임마누엘이라 하리라 (사 7:14)

그의 동정녀 탄생은 그가 이 땅에 오시기 700년 전에 예언된 것입니다. 그가 하나님의 아들이 아니라면 가능한 예언이겠습니까? 미가 선지자는 그의 출생지를 예언합니다.

베들레헴 에브라다야 너는 유다 족속 중에 작을지라도 이스라엘을 다스릴 자가 네게서 내게로 나올 것이라 그의 근본은 상고에, 영원에 있느니라 (미 5:2)

그가 은 30냥으로 배반당할 것도 예언되었습니다.

내가 그들에게 이르되 너희가 좋게 여기거든 내 품삯을 내게 주고 그렇지 아니하거든 그만두라 그들이 곧 은 삼십 개를 달아서 내 품삯을 삼은지라 (슥 11:12)

그가 죽으시기 전 나귀새끼를 타고 예루살렘에 왕 되신 메시아로 입성하실 것도 예언되었습니다.

시온의 딸아 크게 기뻐할지어다 … 보라 네 왕이 네게 임하시나니 그는 공의로우시며 구원을 베푸시며 겸손하여서 나귀를 타시나니 나귀의 작은 것 곧 나귀 새끼니라 (슥 9:9)

무엇보다 그가 우리를 대신해 십자가에 달리시고 찔리실 것이 예언되었습니다.

그가 찔림은 우리의 허물 때문이요 그가 상함은 우리의 죄악 때문이라 그가 징계를 받으므로 우리는 평화를 누리고 그가 채찍에 맞으므로 우리는 나음을 받았도다 (사 53:5)

그가 악인들과 함께 처형되시고 그들을 위해 용서의 기도를 할 것도 예언되었습니다.

그러므로 내가 그에게 존귀한 자와 함께 몫을 받게 하며 … 이는 그가 자기 영혼을 버려 사망에 이르게 하며 범죄자 중 하나로 헤아림을 받았음이니라 그러나 그가 많은 사람의 죄를 담당하며 범죄자를 위하여 기도하였

느니라 (사 53:12)

그가 죽으신 후 부자의 무덤에 묻히실 것도 예언되었습니다.

그는 강포를 행하지 아니하였고 그의 입에 거짓이 없었으나 그의 무덤이 악인들과 함께 있었으며 그가 죽은 후에 부자와 함께 있었도다 (사 53:9)

이 예언은 그가 부자 아리마대 요셉의 무덤에 묻히심으로 문자 그대로 실현되지 않았습니까?

그가 만일 구약성경에서부터 예언된 메시아로서의 하나님의 아들이 아니었다면 이런 예언들의 성취가 가능한 일이겠습니까? 예수는 구약의 선지자들이 예언한 그대로의 하나님의 아들 인류의 구주 메시아이십니다. 이것이 바로 바울이 로마에 전한 복음의 소식입니다.

복음은 예수가 참 사람과 참 신으로 오신 소식입니다

성경은 그분이 참 사람으로 유대인의 존경받는 가문 다윗의 자손으로 태어나셨다고 말합니다.

그의 아들에 관하여 말하면 육신으로는 다윗의 혈통에서 나셨고 (롬 1:3)

그러나 아무리 존경받는 가문이라 해도 다른 사람과 다를 바 없는 인간 아기의 몸으로 태어났습니다. 인간의 모든 성품을 소유한 자로 이 땅에 왔습니다. 그러나 그의 다른 성품 곧 신성을 강조합니다.

성결의 영으로는 죽은 자들 가운데서 부활하사 능력으로 하나님의 아들로 선포되셨으니 곧 우리 주 예수 그리스도시니라 (롬 1:4)

이 땅에 태어난 모든 인간이 이겨 낼 수 없는 한 가지 인간의 숙명이 있습니다. 바로 죽음입니다. 모든 사람은 죽어야 합니다. 죽음이 인간을 인간 되게 하는 것입니다. 그런데 여기 죽음을 이긴 능력이 있다고 말합니다. 바로 거룩하신 성령의 능력입니다. 이 능력으로 예수는 부활하셨습니다. 이것은 그가 인간 이상의 존재이심을 선포한 사건입니다. 부활의 능력으로 그가 사람의 아들이 아닌 하나님의 아들이심을 선포하셨습니다. 그래서 역사적 기독교는 예수 그리스도는 참으로 사람이시며 참으로 하나님이시라고 고백해 왔습니다. 이것을 기독교 교리에서는 예수 그리스도의 인성과 신성이라고 말합니다. 이 둘 가운데 어느 것 하나를 부정하는 사람들은 기독교사에서 이단으로 단죄되었습니다.

중요한 것은 예수가 참으로 하나님이시고 참으로 사람이라는 사실이 왜 복음이라고 말하는 것입니까? 그는 참으로 하나님이시기 때문에 하나님 사정을 제일 잘 아시는 분입니다. 그러나 동시에 그는 참으로 사람이시기 때문에 사람 사정도 제일 잘 아십니다. 그렇기 때문에 그는 하나님과 인간을 만나게 하시는 분, 인간과 하나님 사이를 중보하시는 중보자가 되십니다. 오직 그분만이 그런 일을 하실 수 있습니다. 이것이 바로 복음입니다.

로마는 많은 신을 자랑했었고 그들의 황제도 신의 반열에 올려놓고 숭배를 강요했습니다. 하지만 누구도 하나님과 인간 사이에 중보자는 될 수 없었습니다. 디모데전서 말씀을 기억하십니까?

> 하나님은 한 분이시요 또 하나님과 사람 사이에 중보자도 한 분이시니 곧 사람이신 그리스도 예수라 (2:5)

그래서 로마 그리스도인들에게 그들이 경배해야 할 진정한 주님은 예수 그리스도 한 분이셨습니다. "가이사는 주님이시다"라고 외치는 사람 앞에 로마 시민은 누구나 "예, 맞습니다. 나의 주님은 가이사이십니다"고 응답했습니다. 그러나 참된 그리스도인들은 "아닙니다. 나의 주님은 오직 예수 그리스도이십니다" 하고 고백했습니다. 이 고백 때문에 콜로세움 경기장의 야수의 밥이 되면서도 이 고백을 포기하지 않았습니다. 예수만이 참으로 하나님이시고 참으로 사람이시고 그러므로 오직 그분만이 나의 주님이십니다! 이 고백은 로마의 그리스도인들에게 목숨을 걸 만한 복음이었습니다.

복음은 예수 믿는 자들을 구원하시는 하나님의 능력입니다

이 복음은 또한 목숨을 걸고, 모든 것을 걸고 전해야 할 소식이었습니다.

그러므로 나는 할 수 있는 대로 로마에 있는 너희에게도 복음 전하기를 원하노라 (롬 1:15)

왜 그랬을까요? 다음 말씀이 그 대답입니다.

내가 복음을 부끄러워하지 아니하노니 이 복음은 모든 믿는 자에게 구원을 주시는 하나님의 능력이 됨이라 먼저는 유대인에게요 그리고 헬라인에게로다 (롬 1:16)

여기서 능력이라는 말은 '뒤나미스' '위대한 힘', Mighty power를 뜻합니다. 로마는 당시 위대한 힘을 자랑하는 민족이었습니다. 세계를 정복한 로마의 위대한 군사력, 그러나 그 힘이 한 사람의 인간을 바꾸지도 구원하지도 못했습니다. 전 세계에 길을 놓던 그 과학의

힘, 그 힘이 한 사람의 인간을 바꾸지도 구원하지도 못했습니다. 세네카를 위시한 수많은 철학자를 배출한 로마의 지식의 힘, 그 힘으로도 단 한 사람의 영혼을 변화시키지도 구원하지도 못했습니다. 그러나 예수 그리스도의 복음을 받아들인 사람마다 변화되고 새로워졌습니다. 그래서 바울은 말합니다. 나는 이 복음의 빚진 자라고, 나는 이 복음을 부끄러워 아니한다고 말입니다. 그런데 이 복음이 가진 능력은 어디서 오는 것입니까?

복음에는 하나님의 의가 나타나서 믿음으로 믿음에 이르게 하나니 기록된 바 오직 의인은 믿음으로 말미암아 살리라 (롬 1:17)

누가 죄인을 변화시킬 수 있단 말입니까? 예레미야 선지자는 그것이 가능하다면 표범의 반점도 변할 수 있고, 구스인의 피부도 변할 수 있다고 말합니다. 그런데 우리가 예수를 구주와 주님으로 믿는 순간 하나님은 우리 죄를 용서하실 뿐 아니라, 우리를 의롭다 하시고 변화된 자로 살게 하십니다. 우리에게는 아무런 의가 없지만 하나님의 의가 입혀진 덕분입니다. 그리고 그의 의와 생명 가운데 살 수 있게 됩니다. 이것이 복음의 능력입니다. 십자가의 능력입니다.

아담과 하와가 범죄했을 때 부끄럼을 느낀 이들은 무화과나무 잎으로 가리고자 했습니다. 마르틴 로이드 존스는 인간 문화의 역할은 이 무화과 잎에 지나지 않는다고 말합니다. 일시적인 미봉책입니다. 그러나 짐승의 희생의 가죽옷을 입고 그들은 제대로 활동이 가능했습니다. 예수님의 희생의 피로 자신을 가린 사람들만이 새 인생을 삽니다. 문화가 아닌 예수의 피 묻은 복음만이 인간 문제와 세상 소망의 유일한 해답입니다.

천만 관객을 돌파한 화제의 영화 〈7번방의 선물〉이 우리 마음을 훈훈하게 했습니다. 이 영화가 주는 감동의 극치는 대속의 사랑, 대속의 희생 때문이 아닙니까? 여섯 살 지능의 딸 바보 용구는 사랑하는 딸 예승이, 눈에 넣어도 아프지 않을 사랑하는 딸을 살리기 위해 대신 살인의 죄를 뒤집어쓰고 사형대로 가지 않습니까? 그의 어눌한 두 마디 말이 지금도 저의 가슴을 울립니다.

"아빠 딸로 태어나 줘서 고맙습니다."

"예승이는 정의의 이름으로 날 용서해 줬습니다."

그의 외침에서 예수님의 외침을 듣는 것 같았습니다. 네가 내 아들 내 딸로 태어나 줘서 고맙다고, 그리고 기꺼이 그가 대신 죄인이 되어 하나님의 정의를 이루시고자 십자가에 달리시면서 저와 여러분을 사랑하신다고 고백하신 그분의 외침이 생각납니다. 그분의 피 흘려 죽으심으로 죄인 되었던 우리는 의롭다 함을 받고 새 인생을 살게 되었습니다. 이 사실, 바로 이것이 로마에 전해진 복음이었고 지금도 여전히 21세기 문화인들에게 전해지는 변함없는 구원의 복음입니다.

고린도전서 15장 1-4절, 57-58절

1 형제들아 내가 너희에게 전한 복음을 너희에게 알게 하노니 이는 너희가 받은 것이요 또 그 가운데 선 것이라 **2** 너희가 만일 내가 전한 그 말을 굳게 지키고 헛되이 믿지 아니했으면 그로 말미암아 구원을 받으리라 **3** 내가 받은 것을 먼저 너희에게 전했노니 이는 성경대로 그리스도께서 우리 죄를 위하여 죽으시고 **4** 장사 지낸 바 되셨다가 성경대로 사흘 만에 다시 살아나사

57 우리 주 예수 그리스도로 말미암아 우리에게 승리를 주시는 하나님께 감사하노니 **58** 그러므로 내 사랑하는 형제들아 견실하며 흔들리지 말고 항상 주의 일에 더욱 힘쓰는 자들이 되라 이는 너희 수고가 주 안에서 헛되지 않은 줄 앎이라

복음은 예수님이 약속된 부활의 소망이 되신다는 뉴스입니다

이 도시는 글로벌 비즈니스의 중심 센터였습니다. 상업이 번창했고 무역이 활발했습니다. 이 도시는 좁은 해협에 위치했으면서도 동과 서를 연결하는 다리 역할을 감당했습니다. 세상의 모든 사치품들이 이 도시를 거쳐 갔고 따라서 세상 모든 허영심에 들뜬 상인들을 모으는 요충 도시였습니다. 아리비아의 향유, 베니게의 대추야자 열매, 리비아의 상아, 바벨론의 주단, 길리기아의 산양털, 루가오니아의 모직물, 부르기아를 통한 인신매매가 성행하는 도시였습니다. 이 도시에서는 올림픽에 버금가는 스포츠 축제가 정기적으로 개최되었습니다. 당시 세상의 거대한 부가 이 도시에 집중되었고 인구는 급증했습니다.

그러나 그만큼 죄와 부도덕 또한 넘쳐났습니다. 술과 도박, 포르노, 동성애, 마약이 넘쳐났고, 이 도시의 언덕에선 사원을 빙자하여 세워진 공창에서 공개적인 성매매가 공공연히 행해졌습니다. 그런 이 도시를 이 도시의 시민들은 지상의 천국으로 생각했고 그래서 시민들은 이 천국 같은 도시에서 장수를 누리기 위해 건강에 좋은 모든 약품들을 세상 도처에서 수입해 고가로 거래했습니다.

이런 삶을 영위하면서도 불편한 진실은 이 도시인들 사이에 죄책감이 날로 증가했으며 육체의 죽음을 피할 수 없다는 사실이었습니다. 마치 우리 시대의 뉴욕이나 상해, 동경이나 서울을 연상할 만한 도시입니다. 이 도시는 바로 1세기 그리스에 위치한 고린도였습니다. 이 도시의 라이프 스타일을 주목한 이웃들은 '고린티아 제스타이' (corinthiazestai, 고린도인처럼 행동한다)라는 낱말을 만들어 퍼트렸습니다. 그것은 '방탕을 일상으로 삼는다'는 의미입니다.

그런데 어느 날 이 도시에 바울이라는 사람을 통해 복음이 전해졌고 이 복음은 이 도시를 흔드는 거대한 충격파로 다가왔습니다. 바울은 그의 일생의 선교 역사에서 에베소 다음으로 긴 1년 반을 이곳에 머물며 복음을 전했습니다. 바울을 통해 이 향락의 도시 고린도에 전해진 복음의 본질은 무엇이었을까요?

복음은 예수가 죄에서 우리를 구원하는 메시지입니다

바울이 살았던 1세기나 지금 우리가 사는 21세기나 사람들이 죄에 빠지는 원인이 무엇일까요? 죄가 가져다주는 쾌락 때문입니다. 성경도 죄가 동반하는 쾌락을 인정합니다.

도리어 하나님의 백성과 함께 고난 받기를 잠시 죄악의 낙을 누리는 것보다 더 좋아하고 (히 11:25)

여기 죄악의 낙이란 말이 등장합니다. 무엇보다 그 앞에 붙어 있는 단서를 주목해야 합니다. '잠시'라는 단어입니다. 그 잠시의 쾌락이 지나가면 길고 어두운 죄책감의 터널을 통과해야 합니다. 이런 죄와 죄책감의 형벌에서 우리를 구원하고자 예수께서 오셨다는 것, 그것이 바로 복음의 본질이라고 바울은 말합니다. 바로 이 복음을 알게 하기 위해 이 도시에 와서 복음을 전한 것이라고 바울은 말합니다. 다음 말씀을 다시 보십시오.

1 형제들아 내가 너희에게 전한 복음을 너희에게 알게 하노니 이는 너희가 받은 것이요 또 그 가운데 선 것이라 2 너희가 만일 내가 전한 그 말을 굳게 지키고 헛되이 믿지 아니하였으면 그로 말미암아 구원을 받으리라 (고전 15:1-2)

그렇습니다. 복음은 예수 믿음으로 구원을 받는 것입니다. 이 구원은 철저하게 죄로부터의 구원입니다.

인간 실존의 근본 문제는 죄의 문제입니다. 죄 문제가 해결되지 않으면 구원은 없습니다. 이 죄 문제 해결을 위한 하나님의 처방, 그것이 바로 하나님의 아들이신 예수의 십자가 사건입니다. 다시 말씀을 보십시오.

> 내가 받은 것을 먼저 너희에게 전하였노니 이는 성경대로 그리스도께서 우리 죄를 위하여 죽으시고 (고전 15:3)

고린도에서 얼마 멀지 않은 아테네는 벌써부터 철학의 도시로 명성을 떨치고 고린도에도 영향을 끼치고 있었지만 문제는 어떤 철학도 이 죄 문제의 해답을 내어놓지 못했다는 것입니다.

에피큐리안(쾌락주의 철학자)들은 죄를 생각하지 말고 인생을 즐기라고 말했지만 문제는 죄 이후에 동반하는 죄책감으로 죄의 쾌락은 쓰디쓴 고통의 열매를 가져다줄 뿐이었습니다. 스토아(금욕주의) 철학자들은 되도록 죄를 짓지 말고 근신하라고 말하지만 그런 근신이 쉽지 않다는 것, 그리고 이미 범해 버린 죄가 문제였습니다. 그런데 성경은 "피 흘림이 없은 즉 사함이 없느니라"(히 9:22)고 말합니다. 그리고 성경은 하나님의 아들이신 예수가 구약에 예언된 그대로 속죄의 어린양으로 이 땅에 오시사 우리 죄를 짊어지고 십자가에 보혈을 흘려 죽으셨다는 것입니다. 그러므로 예수 그리스도의 피 흘려 죽으심, 이것이 우리의 복음이 된 것입니다.

바울은 고린도에 보내는 편지를 에베소에서 쓰고 있는데 그는 에베소에서 전한 복음을 이렇게 요약합니다.

우리는 그리스도 안에서 그의(예수의) 은혜의 풍성함을 따라 그의 피(예수의 피)로 말미암아 속량 곧 죄 사함을 받았느니라 (엡 1:7)

이 메시지가 고린도에 전해진 복음이었고, 지금도 우리가 다시 들어야 할 복음입니다.

복음은 죽음 건너편에서의 부활의 소망입니다

쾌락에 빠져 있던 고린도인들도 명백하게 부정할 수 없는 인생의 진리가 있었습니다. 그것은 죽어야 한다는 것이었습니다. 아니 이 부정할 수 없는 진리 때문에 그들은 살아 있는 동안 더더욱 쾌락을 추구할 수밖에 없었는지도 모릅니다. 우리 시대의 한 유명한 코미디언은 인생에서 확실한 것은 세금을 내야 한다는 것과 죽어야 한다는 것, 두 가지라고 말합니다. 우리 정부의 지하경제 양성화 정책이 더 철저하게 진행되면 오늘의 우리도 그의 말을 실감 있게 동의할 것입니다. 그러나 그런 때에라도 교묘한 방법으로 세금의 의무에서 빠져나가는 사람들은 적지 않을 것입니다. 그러나 세금 폭풍을 피해 가는 사람들조차 피할 수 없는 것은 죽음입니다.

죽음의 확률은 100퍼센트입니다. 모두가 죽어야 합니다. 어떤 주일학교 선생님이 아이들에게 물었다고 합니다.

"어린이 여러분, 천국에 가기 위해 필요한 것은 무엇일까요?"

그가 듣고 싶은 대답은 '예수님을 믿음으로'였을 것입니다. 그러나 주저 없이 손을 든 한 아이가 대답했습니다.

"먼저 죽어야 합니다."

사실입니다. 죽음을 통과하지 않고는 아무도 천국에 갈 수 없습니다.

고린도 사람들은 대부분 죽음 이후의 내세는 그들의 영혼만이 가는 세계라고 믿었습니다. 헬라 철학의 이원론의 영향이었습니다. 그런데 바울은 죽음 이후에 몸의 부활이 있고 이 부활의 몸으로 우리는 영생한다고 선포합니다. 그리고 이 부활의 확실한 증거가 바로 예수의 부활이라고 증언합니다. 그가 사셨기에 우리도 살 것이라고 말합니다. 그의 죽으심으로 우리 죄 문제가 해결되었고 그의 부활로 우리의 영생의 문제가 해결되었다고 말합니다. 그러므로 복음은 예수의 죽으심만이 아니고 예수의 죽으심과 그의 부활입니다. 그것이 본문 4절의 증언입니다. "장사 지낸 바 되셨다가 성경대로 사흘 만에 다시 살아나"신 것입니다.

바울은 고린도전서 5절 이후에서 이 부활의 부정할 수 없는 증거들을 제시합니다. 5절에서는 예수님의 수제자인 게바 곧 베드로가 부활하신 주님을 만났습니다. 6절에서는 5백여 명의 사람들이 일시에 그분을 뵈었습니다. 8절에서는 만삭되지 못해 태어난 부족한 나 같은 바울에게도 그분이 나타나셨습니다. 다메섹 도상에서 부활하신 주님이 바울을 만나 그를 당신의 제자로 삼으신 것입니다. 동일하게 부활하신 그분이 여러분과 저를 만나 주시지 않았습니까? 그래서 우리가 지금 여기에서 그분을 믿고 그분을 예배하지 않습니까? 그것이 바로 부활의 증거입니다.

종교 개혁자 마르틴 루터는 주님은 해마다 봄이 오면 인류에게 부활의 진리를 펼쳐 보이신다고 말했습니다. 겨울의 죽음을 이겨 내고 다시 움돋는 잎사귀마다 그는 부활의 약속을 새겨 놓으셨다고 말했습니다. 복음은 죽음 건너편에 약속된 부활의 소망입니다.

복음은 오늘 여기에서의 삶의 승리의 약속입니다

부활의 신앙, 내세 신앙은 결코 미래의 문제만이 아닙니다. 내가 어떤 미래를 기대하느냐에 따라 오늘 우리 삶의 모습이 달라지기 때문입니다. 내세의 부활과 천국을 믿는다면 우리는 현실에서 좀 더 초연한 자세로 당당하게 살 수 있지 않겠습니까! 그러므로 죽음을 이기신 주 부활의 사건은 오늘 우리 삶의 현장의 승리로 나타나야 합니다. 그래서 바울은 고린도전서에서 예수로 말미암은 이김을 주시는 하나님께 감사를 드리면서 고린도 성도들이 세속의 유혹과 염려, 시련의 한복판에서 흔들리지 말아야 한다고 권합니다(15:57 참조).

> 그러므로 내 사랑하는 형제들아 견실하며 흔들리지 말고 항상 주의 일에 더욱 힘쓰는 자들이 되라 이는 너희 수고가 주 안에서 헛되지 않은 줄 앎이라 (고전 15:58)

미국에 같은 고등학교에 근무하던 빌과 글로리아라는 두 선생님이 사랑에 빠졌습니다. 빌은 음악을 좋아했고 글로리아는 영어 전공으로 글 쓰는 것을 좋아했습니다. 그들은 결혼해서 빌은 음악을 만들고 글로리아는 가사를 쓰는 환상의 커플이 되었습니다. 그러나 환상적인 커플의 삶에 혹독한 시련이 찾아왔습니다. 남편 빌이 단핵구증이라는 전염병에 걸려 무력감에 시달려 모든 일을 포기했습니다. 아내 글로리아는 셋째 아이를 임신한 몸으로 병든 남편을 돌보아야 했습니다. 이때, 이들 가족을 둘러싼 억울한 루머로 마음 둘 곳이 없었습니다. 그러나 한해가 저물어 가고 새해를 맞이하던 시간에 거실에서 말씀을 묵상하던 글로리아에게 하나님의 살아 계신 임재의 터치가 있었습니다. 가슴에 두려움이 사라지고 살아 계신 주님의 임재가 평화로 밀려오자 그녀는 붓을 들어 노래 가사를 만들고 남편에게 소리쳤습니다.

"여보 주님이 말씀을 주셨어요. 곡을 만들어 봐요"

불멸의 가스펠이 탄생하는 순간이었습니다.

살아 계신 주 나의 참된 소망 걱정 근심 전혀 없네

사랑의 주 내 갈 길 인도하니 내 모든 삶의 기쁨 늘 충만하네(316장)

원문 가사는 이렇습니다.

Because He lives, I can face tommorow

Because He lives, all fear is gone

Because I know, I know, He holds the future

And life is worth the living, just because He lives

그가 살아 계시기에 모든 두려움 사라지고 그가 미래를 붙들고 계심을 알기에 삶은 살 만한 가치가 있는 것. 이것이 바로 고린도에 전해진 부활의 복음, 부활의 메시지입니다.

갈라디아서 1장 6–7절; 3장 1–6절

⁶ 그리스도의 은혜로 너희를 부르신 이를 이같이 속히 떠나 다른 복음을 따르는 것을 내가 이상하게 여기노라 ⁷ 다른 복음은 없나니 다만 어떤 사람들이 너희를 교란하여 그리스도의 복음을 변하게 하려 함이라

¹ 어리석도다 갈라디아 사람들아 예수 그리스도께서 십자가에 못 박히신 것이 너희 눈 앞에 밝히 보이거늘 누가 너희를 꾀더냐 ² 내가 너희에게서 다만 이것을 알려 하노니 너희가 성령을 받은 것이 율법의 행위로냐 혹은 듣고 믿음으로냐 ³ 너희가 이같이 어리석으냐 성령으로 시작했다가 이제는 육체로 마치겠느냐 ⁴ 너희가 이같이 많은 괴로움을 헛되이 받았느냐 과연 헛되냐 ⁵ 너희에게 성령을 주시고 너희 가운데서 능력을 행하시는 이의 일이 율법의 행위에서냐 혹은 듣고 믿음에서냐 ⁶ 아브라함이 하나님을 믿으매 그것을 그에게 의로 정하셨다 함과 같으니라

복음은 예수를 믿은 자들에게 이제는 성령으로 살아야 한다고 말합니다

국내 성지순례 여행 중에 한 분의 유머로 유쾌하게 웃었습니다. 인터넷에 떠도는 유머이기도 합니다. 제목이 〈좋은 소식, 나쁜 소식, 환장할 소식〉입니다.

좋은 소식, 아이가 상을 타 왔다네

나쁜 소식, 옆집 아이도 타 왔다네

환장할 소식, 아이들 기 살린다고 전교생 다 주었다네

좋은 소식, 살다 보니 남편이 처음으로 꽃을 가져왔네

나쁜 소식, 그런데 국화꽃만 있네

환장할 소식, 알고 보니 남편이 장례식장에 갔다가 아까워서 가지고 온 것
이라네

좋은 소식, 싼 가격에 성형수술 했다네

나쁜 소식, 수술이 시원찮아 다시 해야 한다네

환장할 소식, 뉴스에 보니 그 의사가 돌팔이라 잡혀 갔다네

좋은 소식, 남편이 진급했다네

나쁜 소식, 새 비서가 엄청 예쁘다네

환장할 소식, 근데 둘이 외국으로 출장 간다네

이런 유머입니다. 우리는 인생을 살면서 그런 좋은 소식과 나쁜 소식, 때로는 환장할 소식을 함께 경험합니다. 그런데 오늘 함께 읽은 갈라디아서에서 바울이 그런 유사한 경험을 했습니다.

좋은 소식은 지금의 터키, 과거 1세기에 소아시아 남갈라디아로 불리던 지역 사람들에게 바울이 AD 52년경 예수님의 구원 복음을 전할 수 있었다는 사실입니다. 사도행전 13-14장을 읽어 보면 사도 바울은 제1차 전도여행 중 비시디아 안디옥(행 13:14-50), 이고니움(행 13:51-14:5), 루스드라(행 14:6-24), 더베(행 14:20) 등 소위 남갈라디아로 불리는 지역에서 적지 않은 복음의 결실을 거두어 많은 이들을 주님 앞으로 인도하고 여러 교회를 개척했습니다.

이방인들이 듣고 기뻐하여 하나님의 말씀을 찬송하며 영생을 주시기로 작
정된 자는 다 믿더라 (행 13:48)

복음을 그 성에서 전하여 많은 사람을 제자로 삼고 (행 14:21)

그런데 제1차 전도여행을 마치고 얼마 지나지 않아 바울은 나쁜
소식을 접합니다. 갈라디아 사람들이 복음을 떠나고 있다는 소식입
니다. 더 더욱 환장할 소식은 그들이 그들에게 복음을 전한 바울의
하나님의 사도 됨조차 의심한다는 소식입니다. 그것이 바로 바울이
갈라디아서를 쓴 배경입니다. 그러면 애초에 갈라디아에 전해진 복
음의 정체, 그리고 갈라디아 교우들이 결코 떠나지 말았어야 할 복음
의 핵심은 무엇이었습니까?

복음은 그리스도의 은혜로만 구원받고
그 은혜 안에 머물러 살아야 한다는 소식입니다

바울은 갈라디아서 편지를 시작하며 그가 사도 된 것은 자의적이
고 인간적인 세움으로 된 것이 아니라 그리스도와 하나님으로 말미
암았다는 사도직을 변호하는 말로 편지의 서두를 엽니다.

사람들에게서 난 것도 아니요 사람으로 말미암은 것도 아니요 오직 예수 그리스도와 그를 죽은 자 가운데서 살리신 하나님 아버지로 말미암아 사도 된 바울은 (1절)

이어서 갈라디아 지방 교회들과 성도들에게 문안을 드립니다.

2 함께 있는 모든 형제와 더불어 갈라디아 여러 교회들에게 3 우리 하나님 아버지와 주 예수 그리스도로부터 은혜와 평강이 있기를 원하노라 (갈 1:2-3)

또한 그들에게 임한 은혜의 결과로 전달받은 복음의 핵심을 다시 상기시킵니다.

그리스도께서 하나님 곧 우리 아버지의 뜻을 따라 이 악한 세대에서 우리를 건지시려고 우리 죄를 대속하기 위하여 자기 몸을 주셨으니 (갈 1:4)

그렇습니다. 복음은 예수 그리스도께서 우리를 죄에서 건지시려고 십자가에서 자신의 몸을 대속의 제물로 내어 주셨다는 소식입니다. 그분의 대속의 희생으로 우리는 죄로부터 자유를 얻었습니다. 이것은 전적인 그분의 은혜요 사랑이었습니다. 이것이 자유하게 하는 복음의 핵심이요 본질입니다.

> 그리스도께서 우리를 자유롭게 하려고 자유를 주셨으니 그러므로 굳건하게 서서 다시는 종의 멍에를 메지 말라 (갈 5:1)

그런데 나쁜 소식은 갈라디아 성도들이 이런 은혜를 저버리고 스스로 자유를 포기하고 종 된 자리로 돌아가고 있었습니다. 바울이 복음을 전한 후에 그들을 찾아온 유대적 율법주의의 영향이었습니다. 그들은 진정한 복음은 예수를 믿음으로만 아니라, 율법을 함께 지켜야 한다고 주장했습니다. 예를 들어 유대교 성경에 의하면 율법을 따라 할례를 받아야 하나님의 백성이 되는 것이지 그냥 예수만 믿는다고 되는 것은 아니라고 했습니다. 그 밖에도 율법이 요구하는 여러 계명들을 준수해야만 하나님의 백성이 된다고 그들은 갈라디아 성도들을 설득했습니다.

그들은 구원받은 은혜의 감사를 상실하고 다시 율법의 종이 되어가고 있었습니다. 바울은 이런 율법주의자들을 경계하라고 이 편지를 썼습니다. 그것은 한마디로 복음이 아닌 다른 복음이라고 말합니다.

> ₆ 그리스도의 은혜로 너희를 부르신 이를 이같이 속히 떠나 다른 복음을 따르는 것을 내가 이상하게 여기노라 ₇ 다른 복음은 없나니 다만 어떤 사람들

이 너희를 교란하여 그리스도의 복음을 변하게 하려 함이라 (갈 1:6-7)

바울 사도는 이런 율법주의자들의 의도를 적나라하게 폭로합니다.

₃그러나 나와 함께 있는 헬라인 디도까지도 억지로 할례를 받게 하지 아니하였으니 ₄이는 가만히 들어온 거짓 형제들 때문이라 그들이 가만히 들어온 것은 그리스도 예수 안에서 우리가 가진 자유를 엿보고 우리를 종으로 삼고자 함이로되 (갈 2:3-4)

왜 율법주의가 나쁘고 잘못된 복음입니까? 십자가의 은혜를 폐기하기 때문입니다. 그것이 바울이 갈라디아 2장에서 내린 결론입니다.

내가 하나님의 은혜를 폐하지 아니하노니 만일 의롭게 되는 것이 율법으로 말미암으면 그리스도께서 헛되이 죽으셨느니라 (갈 2:21)

이 구절은 제가 진리를 찾아 기도하던 시절 결정적으로 기독교의 진리와 타 종교의 차이, 참 복음의 진리를 깨닫게 한 말씀입니다.

바울은 우리가 의롭게 되는 것이 율법을 지켜 가능한 것이라면 그리스도의 십자가의 죽음은 헛된 것이라고 말합니다. 율법의 체계가 무엇입니까? '하라'는 것과 '하지 말라'는 것입니다. 하나님이 하라는 것 하고, 하지 말라는 것 안 함으로써 하나님 앞에 너는 의롭다는 판정을 받아 구원받을 수 있다면 예수님은 이 땅에 오실 필요도 십자가에 죽으실 필요도 없었습니다. 그러나 우리는 이미 하나님이 하라는 것은 안 했으며, 하지 말라는 것은 행함으로 율법을 깨트렸습니다. 이미 나는 나의 어떤 최선의 행위로도 나를 구원할 수 없는 죄인임을 발견한 것입니다. 그런 나를 구원하시고자 하나님께서 예수 그리스도를 보내시고 그가 우리 죄를 짊어지고 십자가에 죽으심으로 우리의 구주와 주님이 되셨다는 것, 이것이 바로 복음이 아닙니까?

율법을 지킴으로써 구원이 이루어진다고 다시 가르친다면 그것이야말로 다른 복음이고 예수님의 죽으심을 헛되이 하는 것입니다. 이것이 바로 율법주의 혹은 갈라디아에 전해진 다른 복음의 함정입니다. 하나님의 은혜를 체험한 우리가 우리의 보잘것없는 행위를 다시 의존하게 하는 복음의 변질입니다.

은혜는 받을 자격이 없는 자에게 베풀어지는 사랑입니다.

8 너희는 그 은혜에 의하여 믿음으로 말미암아 구원을 받았으니 이것은 너희에게서 난 것이 아니요 하나님의 선물이라 9 행위에서 난 것이 아니니 이는 누구든지 자랑하지 못하게 함이라 (엡 2:8–9)

우리가 값없는 하나님의 은혜로 구원을 받은 자라면 은혜 안에 감격하고 감사하며 머물러 평생을 살아야 합니다. 이것이 복음을 받아들인 이들의 일생이어야 합니다. 복음은 그리스도의 은혜로만 구원받고 그 은혜 안에 머물러 살아야 한다는 소식입니다.

복음은 성령의 역사에 의해 예수 믿고 의롭다 함을
얻은 자로서 성령을 따라 살게 된다는 소식입니다

바울은 이어 갈라디아서 3장에서 시작해 만일 성도의 삶이 율법적 행위의 기준을 따르는 것이 아니라면 아무렇게나 살아도 좋은가라는 당연한 질문을 다룹니다. 우리가 율법의 행위로 의롭다 함을 받는 것이 아니라면 무엇이 우리의 행위를 만드는 기준이 되어야 한다는 말입니까? 바울은 여기서 성령의 이슈를 제기합니다.

복음을 듣고 예수를 믿는 순간 우리는 성령을 받은 자가 되었다는 사실을 기억하라고 말합니다. 그 성령님이 우리의 새로운 삶과 행위를 만든다는 것입니다. 그리고 그 성령의 인도로 우리는 오히려 율법의 요구를 이루어 가게 된다고 말합니다. 그런 의미에서 기독교는 율법주의가 아니지만 율법폐기주의나 무율법주의도 아니라는 것입니다.

내가 너희에게서 다만 이것을 알려하노니 너희가 성령을 받은 것이 율법의 행위로냐 듣고 믿음으로냐 (갈 3:2)

당연히 정답은 듣고 믿음이지요. 예수님의 복음을 듣고 예수님을 구주와 주님으로 영접하는 순간, 예수님의 영이신 성령님이 우리 안에 거하십니다. 그 순간부터 우리 삶은 우리 안에 행하시는 성령의 능력을 따라 살게 됩니다.

너희에게 성령을 주시고 너희 가운데서 능력을 행하시는 이의 일이 율법의 행위에서냐 혹은 듣고 믿음에서냐 (갈 3:5)

잊지 마십시오. 이제 성령님은 믿는 자들 안에서 능력으로 행하고 계십니다. 다음 갈라디아서 말씀은 그리스도인들의 신앙생활의 핵심을 한마디로 정의합니다.

만일 우리가 성령으로 살면 또한 성령으로 행할지니 (갈 5:25)

그렇습니다. 성령으로 살고 성령으로 행하는 것입니다. 그런 삶은 결코 율법과 반대되지 않습니다. 로마서를 보실까요?

육신을 따르지 않고 그 영을 따라 행하는 우리에게 율법의 요구가 이루어지게 하려 하심이니라 (롬 8:4)

그러므로 갈라디아에서 바울은 다시 동일한 진리를 권합니다.

내가 이르노니 너희는 성령을 따라 행하라 그리하면 육체의 욕심을 이루지 아니하리라 (갈 5:16)

이렇게 성령을 따라 사는 삶의 결과가 성령의 열매입니다.

22 오직 성령의 열매는 사랑과 희락과 화평과 오래 참음과 자비와 양선과 충성과 23 온유와 절제니 이같은 것을 금지할 법이 없느니라 (갈 5:22-23)

성령의 열매를 맺는 이런 삶은 오히려 옛 언약인 구약의 율법의 수준을 능가하는 삶의 성취입니다. 물론 이런 삶은 성령님에게 어떻게 반응하느냐에 따라 일생에 걸친 성화의 과정으로 나타납니다.

복음은 이것입니다. 우리가 예수 믿는 순간 성령님은 나를 의롭다 하시고 내 안에 거하셔서 일하기를 시작하셨고, 주 앞에 서는 순간 그것을 마침내 완성하시리라는 것입니다. 아직은 공사 중이지만 성령께서 이 공사를 완성하실 날이 예비되어 있다는 것입니다. 미국 노스캐롤라이나 샬롯이라는 도시에 가면 빌리 그레이엄 라이브러리가 있습니다. 그 입구에 들어가기 전 오른쪽에 빌리 그레이엄보다 수년 전 먼저 세상을 떠난 루스 그레이엄 여사의 묘가 있습니다. 이 묘에는 한문으로 '의, 義'라는 단어가 쓰여 있습니다. 한문 의는 '양, 羊'이라는 단어와 그 아래 '나' 곧 '아, 我'라는 단어가 만나 완성된 글자입니다. 루스 여사는 중국 선교사인 아버지를 따라 중국에서 자랐기 때문에 이 글자를 좋아하셨다고 합니다.

우리의 어린양 되신 예수님만이 나의 의가 되신다는 것이 그녀의 신앙고백이었습니다. 그 아래에는 다시 영어로 "The end of construction. Thank you for your patience"(공사 끝. 당신의 인내에 감사드립니다)라는 묘비문이 쓰여 있습니다. 늘 공사 중이던 자기 동네 길가에 세워졌 있던 "공사중, 불편을 드려 죄송합니다"라는 간판이 어느 날 "공사 끝. 그동안의 인내에 감사드립니다"라는 문구로 바뀐 것을 보고 남편에게 부탁을 했다고 합니다. "내가 먼저 죽으면 내 무덤에 저 글을 써 달라"고 말입니다.

우리는 모두 예수 믿고 은혜로 의롭다 함을 얻어 주의 자녀가 되었습니다. 그러나 어느 날 우리 안에 거하시는 성령을 따라 살다 보면 루스 그레이엄 여사의 고백이 우리의 고백이 되는 날이 올 것입니다. 그것이 바로 갈라디아에 전해진 복음입니다. 성령으로 예수 믿은 자는 성령으로 살아야 한다는 메시지입니다. 그리고 성령의 인도 따라 우리 삶은 완성될 것입니다.

에베소서 1장 3-14절

³ 찬송하리로다 하나님 곧 우리 주 예수 그리스도의 아버지께서 그리스도 안에서 하늘에 속한 모든 신령한 복을 우리에게 주시되 ⁴ 곧 창세 전에 그리스도 안에서 우리를 택하사 우리로 사랑 안에서 그 앞에 거룩하고 흠이 없게 하시려고 ⁵ 그 기쁘신 뜻대로 우리를 예정하사 예수 그리스도로 말미암아 자기의 아들들이 되게 하셨으니 ⁶ 이는 그가 사랑하시는 자 안에서 우리에게 거저 주시는 바 그의 은혜의 영광을 찬송하게 하려는 것이라 ⁷ 우리는 그리스도 안에서 그의 은혜의 풍성함을 따라 그의 피로 말미암아 속량 곧 죄 사함을 받았느니라 ⁸ 이는 그가 모든 지혜와 총명을 우리에게 넘치게 하사 ⁹ 그 뜻의 비밀을 우리에게 알리신 것이요 그의 기뻐하심을 따라 그리스도 안에서 때가 찬 경륜을 위하여 예정하신 것이니 ¹⁰ 하늘에 있는 것이나 땅에 있는 것이 다 그리스도 안에서 통일되게 하려 하심이라 ¹¹ 모든 일을 그의 뜻의 결정대로 일하시는 이의 계획을 따라 우리가 예정을 입어 그 안에서 기업이 되었으니 ¹² 이는 우리가 그리스도 안에서 전부터 바라던 그의 영광의 찬송이 되게 하려 하심이라 ¹³ 그 안에서 너희도 진리의 말씀 곧 너희의 구원의 복음을 듣고 그 안에서 또한 믿어 약속의 성령으로 인치심을 받았으니 ¹⁴ 이는 우리 기업의 보증이 되사 그 얻으신 것을 속량하시고 그의 영광을 찬송하게 하려 하심이라

복음은 영적 축복의 유일한 열쇠입니다

저는 지난 몇 년 동안 증도라는 섬과 사랑에 빠졌습니다. 증도는 여러 별명을 가지고 있는 섬입니다. 근처에 유인도와 무인도를 합해 크고 작은 1004개의 섬이 있다고 해서 '천사의 섬'이라고도 불립니다. 그곳은 인구의 90퍼센트가 그리스도인들로 이루어진 복음화의 꿈이 실현된 섬이기도 합니다. 또한 금연이 엄격하게 실시되고 생태 환경, 청정 지역을 유지하는 유네스코 지정 slow city로도 유명합니다.

이 섬은 보물섬으로도 불립니다. 보물섬으로 명명된 유래는 이렇습니다. 1975년 한 어부의 그물에 그릇 한 개가 걸려 나왔습니다. 그는 무심히 그 그릇을 개밥그릇으로 사용합니다. 그런데 후일 이 그

룻은 중국 송·원대의 유물 도자기로 판명되어 3억에 거래되었다고 합니다(문화관광 해설가 이종화 집사의 증언). 그 결과 1976년 10월부터 1984년 9월까지 대대적인 발굴 조사가 이루어져 1323년대의 목선과 무려 2만 3천여 점의 보물들, 청자 백자들이 인양되었는데 이것이 바로 유명한 신안 앞바다 해저 보물 발굴 사건입니다. 무려 700년 동안 증도 해안 앞바다에 이 수많은 보물들이 잠들어 있었던 것입니다. 지금 이 발굴 해역이 한눈에 내려다보이는 아름다운 언덕에는 보물선을 복원한 모양의 배가 설치되어 있는 '트레저 아일랜드'가 조성되어 있습니다.

이 섬 증도에는 그보다 더 위대한 보물이 우리를 기다리고 있습니다. 문준경(1891–1950)이라는 한 여인이 전한 복음입니다. 결혼하자마자 이미 애인이 있었던 남편에게 소박맞은 생과부 여인, 그녀는 이 젊은 날의 절망 벼랑 끝에서 복음을 받아들이고 신학 수업을 받은 후 자신을 버린 이 섬으로 다시 돌아와 복음을 전합니다. 122개 섬에 그녀의 발걸음이 닿았고, 1년에 고무신 아홉 켤레가 닳도록 갯벌에 빠지며 섬마다 마을마다 찾아가 찬양을 불렀습니다. 그렇게 노인, 청년, 아낙네, 어린아이들을 모아 놓고 복음을 전했습니다.

부잣집에 호소하고 아는 교회, 아는 사역자들에게 연락해 약품과 물품을 모아 아픈 사람, 힘든 사람, 가난한 사람 구제하고 사랑을 나누었습니다. 그녀는 섬 마을의 의사, 약사, 간호사, 산파 그리고 무엇보다 섬마을의 목자였습니다. 일제 시대에는 신사참배 거부로 옥고를 치르고 한국전쟁 중에는 무고한 섬 사람들 죽어서는 안 된다며 목포에 있다 자진해 섬으로 들어갔습니다. 전도사님은 체포되자 섬의 북한군들에게 애원했습니다.

"제발 나만 죽이고 다른 성도들은 살려 달라."

하지만 북한군은 "새끼 많이 나은 씨암탉은 죽어야 한다"고 고함을 지르며 전도사님을 목봉, 죽창으로 두드리고 찔렀습니다. 그리고 마지막에는 총탄을 가슴에 쏘았습니다. 그렇게 그녀는 순교의 길을 갔습니다.

그녀를 통해 100여 개의 교회가 세워지고 부흥사 이만신, 치유사 역자 정태기, 청년전도자 김준곤을 비롯한 100여 명의 목회자들이 배출되었습니다. 이 섬은 천사의 섬에서 천국의 섬으로 변화된 것입니다. 이것이 문준경 전도사님을 통해 역사한 복음의 힘입니다.

문준경 전도사님의 전도의 모델은 사도 바울이었습니다. 그녀가 매달 신발을 바꾸며 섬 마을을 순회한 것은 바로 바울의 제1차, 2차, 3차 전도여행을 본받은 것입니다. 이런 바울의 발걸음이 AD 53년경 제3차 전도여행길에 소아시아의 관문 항구 도시이자 새로운 로마라고 불리는 에베소에 도달합니다. 여기서 바울은 자신의 전도 여정 중 가장 긴 시간인 3년 가까이 머물며 복음을 전합니다. 에베소 전도의 영향력을 증언하는 다음 사도행전 말씀을 보십시오.

두 해 동안 이같이 하니 아시아에 사는 자는 유대인이나 헬라인이나 다 주의 말씀을 듣더라 (행 19:10)

증도에서 문준경 전도사님을 통해 일어났던 역사처럼 더 일찍이 에베소에서도 미신과 우상을 섬기던 수많은 사람들이 주께 돌아와 그리스도인이 되었습니다. 그렇게 에베소는 소아시아 복음화의 거점 도시가 됩니다. 바울은 훗날 이 도시에 세워진 에베소교회를 향해 로마의 옥중에서 편지를 (AD 62년경) 보냅니다. 그들이 받은 복음만으로도 그들은 이미 하늘에 속한 신령한 보물로 축복 받은 자들임을 상기시켜 줍니다.

찬송하리로다 하나님 곧 우리 주 예수 그리스도의 아버지께서 그리스도 안에서 하늘에 속한 모든 신령한 복을 우리에게 주시되 (엡 1:3)

그렇다면 문준경 전도사님이 증도에 전했던 복음 그리고 더 오래 전 바울이 에베소에 전한 복음이 가져온 영적 축복의 본질은 무엇일까요?

복음은 성부 하나님이 창세전에
우리를 선택하신 영적 축복입니다

₄ 곧 창세 전에 그리스도 안에서 우리를 택하사 우리로 사랑 안에서 그 앞
에 거룩하고 흠이 없게 하시려고 ₅ 그 기쁘신 뜻대로 우리를 예정하사 예
수 그리스도로 말미암아 자기의 아들들이 되게 하셨으니 (엡 1:4-5)

바울은 에베소 교인들이 복음을 받아들인 후 깨달아야 할 가장 놀
라운 일은 그들이 하나님의 미리 정하심과 선택의 결과로 하나님의
자녀가 되었다는 사실이라고 말합니다. 우리에게는 어느 날 예수를
믿기로 결단한 날이 있습니다. 그 결단의 배후에는 나의 결단을 가능
하게 한 하나님의 인도와 성령의 역사가 있었음을 결코 잊지 말아야
합니다. 바울은 고린도전서에 "성령으로 아니하고는 누구든지 예수
를 주시라 할 수 없느니라"(12:3)고 기록했습니다. 그러므로 모든 구원
의 체험 건너편에서 우리는 하나님의 계획하신 선택의 은혜를 볼 수
있어야 합니다.

한 걸음 더 나아가 우리가 인지해야 할 사실은 우리 모두 주를 믿
기 전까지는 그의 자녀가 아닌 자들처럼 살았다는 것입니다. 그러나
이제 신분상으로 당당한 하나님의 자녀가 되었습니다. 기독교 교리
에서는 그것을 '양자 됨의 교리'라고 부릅니다. 그렇게 하신 이유가

무엇입니까? 다음 말씀에 대답이 있습니다.

> 이는 그가 사랑하시는 자 안에서 우리에게 거저 주시는 바 그의 은혜의 영
> 광을 찬송하게 하려는 것이라 (엡 1:6)

<u>예수 믿은 것이 단순히 나만의 선택이고 나의 행위에 기초한 것이라면 우리에게 구원은 공적인 일일 뿐 감사나 감격이 아닐 것입니다. 그러나 우리가 주의 자녀 됨은 순전히 그의 선택, 그의 사랑 때문이기에 우리는 그의 은혜를 찬양합니다.</u>

미국 목회자 중에 한국 아이를 셋이나 입양한 분을 만난 적이 있습니다. 그것도 세 아이 중 둘은 장애아였습니다. 이렇게 아픈 아이들을 입양한 이유가 무엇이냐고 아주 조심스럽게 물었습니다. 그분의 대답이 무엇인 줄 아십니까?

"하늘에 계신 우리 아버지께서 우리의 죄인 됨, 우리의 비정상성을 아시면서도 우리를 그의 자녀로 입양하신 것을 잊었느냐?"

그러면서 자신의 헌신은 그의 은혜에 대한 작은 보답이라고 덧붙였습니다. 이것이 바로 복음으로 우리가 누리는 축복, 죄인 된 우리를 자녀로 정하시고 선택하신 성부 하나님의 영적 축복입니다. 이것이 바로 에베소에 전해진, 그리고 증도에 전해진 복음의 축복입니다.

복음은 성자 하나님이 십자가로
우리를 속량하신 영적 축복입니다

우리는 그리스도 안에서 그의 은혜의 풍성함을 따라 그의 피로 말미암아
속량 곧 죄 사함을 받았느니라 (엡 1:7)

'속량'이라는 말은 영어로 'redemption'입니다. 이 단어의 원어에
는 '값을 치르고 다시 산다'는 뜻과 '다시 사서 자유를 준다'는 두 가
지 의미가 있습니다. 옛날 노예가 거래되던 시절, 누군가 폭력적인 주
인에게서 친절하고 사랑 많은 주인이 나를 사 준 것만 해도 감사한데
그가 내게 자유를 주었다면 그것보다 더 극적이고 놀라운 복음이 어
디 있겠습니까? 그런데 그런 일이 그리스도 안에서 일어났습니다. 예
수께서 십자가에서 우리 죄를 대신 담당하고 피 흘려 죽으심으로 죗
값을 지불하셨습니다. 그렇게 우리를 용서하신 것만도 감사한데 우
리를 그의 당당한 자녀로 삼아 주셨습니다.

실제로 옛날 로마에는 그런 주인들이 있었습니다.

옛날 명화 〈벤허〉를 기억하십니까? 전쟁 선에서 쇠사슬에 매어 노
를 젓던 주인공 벤허가 사령관을 구출하자 그 사령관은 주인공 벤허
에게 자유를 줄 뿐 아니라 자신의 양자로 삼았습니다. 그 후 사령관
은 양자 벤허를 진정한 아들로 삼고 그를 아들처럼 친구처럼 대동하

고 다니며 그를 우정으로 대하고 그의 꿈을 이루도록 도왔습니다.

동일한 드라마가 속량 받고 용서받은 우리에게도 일어났습니다.

8 이는 그가 모든 지혜와 총명을 우리에게 넘치게 하사 9 그 뜻의 비밀을 우리에게 알리신 것이요 그의 기뻐하심을 따라 그리스도 안에서 때가 찬 경륜을 위하여 예정하신 것이니 (엡 1:8-9)

그의 자녀 된 우리에게 주님은 그의 비밀까지 나누어 주십니다.

이제부터는 너희를 종이라 하지 아니하리니 종은 주인이 하는 것을 알지 못함이라 너희를 친구라 하였노니 내가 내 아버지께 들은 것을 다 너희에게 알게 하였음이라 (요 15:15)

이 얼마나 놀라운 특권입니까! 이 얼마나 놀라운 은혜입니까? 그래서 주의 자녀들, 그의 제자들은 신바람 나게 이 복음을 전할 수밖에 없습니다. 그래서 바울은 육신의 아들이 없었지만 수많은 영적인 아들들을 사랑하고 그들을 세워 이 복음을 위탁했습니다. 그래서 증도의 문준경 전도사님도 육신의 자녀가 없어도 수많은 제자들을 낳고 세워 그들에게 이 복음을 위탁했습니다.

자신에게 총부리를 겨눈 사람들에게 문준경 전도사님은 마지막으로 간절히 부탁합니다. 자신을 죽이고 그의 딸과 같은 백정희 전도사는 살려 달라고 애원합니다. 그리고 그녀의 소원은 이루어졌습니다. 바로 이 복음, 속량의 복음이 에베소와 증도에 전해진 동일한 복음입니다.

복음은 성령 하나님이 우리를 인치시고
기업의 보증 되신 영적 축복입니다

그 안에서 너희도 진리의 말씀 곧 너희의 구원의 복음을 듣고 그 안에서 또한 믿어 약속의 성령으로 인치심을 받았으니 (엡 1:13)

'인치심'을 영어로는 'sealing'이라고 말합니다. 쉽게 말하면 도장 찍는 것, 서명하는 것입니다. 인치심의 본질은 소유권 확인입니다. 우리가 구원의 복음을 듣고 예수를 구주와 주님으로 영접하는 순간, 성령 하나님께서는 우리를 그의 소유로 인치십니다. 이제 우리는 하나님의 소유, 하나님의 자산입니다. 우리가 실족하면 누가 손해입니까? 하나님이 손해시지요. 그래서 그분은 우리를 돌보시고 우리를 보호하시고 우리 삶에 개입하십니다. 이사야가 들려준 말씀처럼 "너는 내 것이라"(사 43:1)고 날마다 우리에게 말씀하십니다.

본문 14절에서 바울은 또한 우리 안에 찾아오신 성령님이 우리가 누릴 기업의 보증이 되신다고 말합니다. 성경에서 기업이란 본래 성도들이 이 세상과 저 세상에서 누릴 모든 축복을 망라하는 개념입니다. 그런데 우리가 예수님을 영접할 때 우리 안에 거하기 시작하신 성령님의 임재 그 자체가 바로 우리가 누릴 기업의 보증인이 되셨다는 것입니다. 집을 계약하면 먼저 보증금을 지불합니다. 이 보증금은 앞으로 남은 금액도 확실하게 지불하겠다는 보증이요 약속입니다.

성도들이 이 세상에서 사는 동안 우리의 모든 꿈이 당장 이루어지지 않아도, 오히려 예상 못한 역경과 고난이 다가와도 우리가 인생을 당당하게 살 수 있는 비밀은 성령님이 우리 안에 우리의 기업의 보증으로 거하시기 때문입니다. 바울이 고린도후서 4장에서 그가 사방으로 우겨 쌈을 당해도 답답한 일을 당해도 박해를 받아도 거꾸러트림을 당해도 다시 일어설 수 있었다고 고백한 이유는 보배를 질그릇에 갖고 있기 때문이라고 하지 않았습니까?

증도의 전도자 문준경 전도사님의 예수 믿기 전과 믿은 후의 현저한 변화가 무엇일까요? 당당함입니다. 누가 생과부라 비웃어도 똥물을 끼얹어도 그녀는 당당했습니다. 왜냐하면 그녀는 이제 하나님의 소유, 하나님의 딸, 하나님의 기업의 보배로운 상속자가 되었기 때문입니다. 그리고 그녀 안에 있는 보물 곧 복음을 품고 그녀는 자신이 밟는 땅을 보물섬으로 만들었습니다. 우리가 자주 부르는 복음성가의 메시지가 바로 그녀의 삶이었다고 믿습니다.

　나를 지으신 주님 내 안에 계셔

　처음부터 내 삶은 그의 손에 있었죠

　그는 내 아버지 난 그의 소유

　내가 어딜 가든지 날 떠나지 않죠

　내 이름 아시죠 내 모든 생각도

　아바라 부를 때 그가 들으시죠

　내 흐르는 눈물 그가 닦아 주셨죠

　그녀를 바꾼 복음, 증도와 에베소를 바꾼 복음, 이 복음이 우리의
복음인 것을 확인하는 축복이 함께하시기를 기도합니다.

사도행전 16장 31–32절

31 이르되 주 예수를 믿으라 그리하면 너와 네 집이 구원을 받으리라 하고
32 주의 말씀을 그 사람과 그 집에 있는 모든 사람에게 전하더라

빌립보서 1장 3–8절

3 내가 너희를 생각할 때마다 나의 하나님께 감사하며 **4** 간구할 때마다 너희 무리를 위하여 기쁨으로 항상 간구함은 **5** 너희가 첫날부터 이제까지 복음을 위한 일에 참여하고 있기 때문이라 **6** 너희 안에서 착한 일을 시작하신 이가 그리스도 예수의 날까지 이루실 줄을 우리는 확신하노라 **7** 내가 너희 무리를 위하여 이와 같이 생각하는 것이 마땅하니 이는 너희가 내 마음에 있음이며 나의 매임과 복음을 변명함과 확정함에 너희가 다 나와 함께 은혜에 참여한 자가 됨이라 **8** 내가 예수 그리스도의 심장으로 너희 무리를 얼마나 사모하는지 하나님이 내 증인이시니라

복음은 세상을 기쁨으로 바꾸는 강력한 '플라잉'입니다

이 땅에 세워진 최초의 개신 교회가 어떤 교회였는지 아십니까? 1883년 5월 16일 황해도 장연에 세워진 소래교회입니다. 소래교회는 공식적인 선교사 아펜젤러와 언더우드가 1885년 부활절에 이 땅에 도착하기 전에 이미 우리 조상들이 자발적으로 세운 교회입니다. 현재 양지 총신대학 캠퍼스 내에 복원된 소래교회가 있습니다. 그곳 소래교회 설립약사 첫 문장에 다음과 같은 글이 있습니다.

"본 소래교회는 순수한 우리 조상들에 의해 이 강산에 세워진 최초의 교회요 한국 교회의 뿌리가 되는 교회입니다."

소래교회를 세우는 일에 쓰임 받은 한국인은 서상륜(4대 손이 조선족 교회의 서경석 목사) 씨입니다. 그는 본래 만주와 조선을 오가며 인삼 장사를 하는 상인이었습니다. 그가 30세 되던 해인 1878년 만주에 장사하러 갔다가 열병에 걸려 죽을 위기에 처하게 됩니다. 마침 그곳에서 선교하며 조선 선교에 관심을 가지고 있던 영국 선교사 존 로스와 매킨타이어를 만납니다. 선교사 매킨타이어의 도움으로 열병이 낫자 그는 세례를 받고 그 후 존 로스를 도와 성경을 번역하는 일을 합니다.

그리고 1883년, 성경 100권을 지니고 입국하다가 발각됩니다. 구사일생으로 목숨을 건지고 성경 10권을 겨우 가지고 가족의 고향인 소래에 도착해 복음을 전합니다. 1884년 봄에는 존 로스가 배편으로 보낸 성경 6천 권을 받고 본격적인 전도를 시작합니다. 불과 58세대 정도인 이 마을은 이내 20명의 세례 지망자가 생기고 이어 50여 세대가 다 예수를 믿는 기적이 일어납니다. 그렇게 탄생한 이 땅 최초의 교회가 소래교회고, 이 교회가 바로 오늘 한국 교회의 시작을 알리는 출발점이 되었습니다.

혹시 유럽 최초의 교회를 아시나요? 바로 빌립보교회입니다. 서상륜이라는 비즈니스 맨(홍삼 장사)을 통해 소래교회를 시작하게 하신 하나님은 루디아라는 한 여류 사업가(자주 장사)를 통해 유럽 최초의 교회를 시작하게 하십니다.

때는 BC 51년경 바울의 제2차 전도 여행 당시 소아시아로 행보를 옮겨 가던 그에게 동으로 가는 문이 닫히면서 어느 날 밤 드로아(트로이의 유적이 겹치는 지역)에서 그가 향하던 방향과 정반대인 서쪽 대륙 마게도냐인의 환상을 보게 됩니다.

11 우리가 드로아에서 배로 떠나 사모드라게로 직행하여 이튿날 네압볼리로 가고 12 거기서 빌립보에 이르니 이는 마게도냐 지방의 첫 성이요 또 로마의 식민지라 이 성에서 수일을 유하다가 (행 16:11–12)

이 도시에서 바울이 첫 결신자를 만납니다. 그가 바로 루디아라는 여인입니다.

두아디라 시에 있는 자색 옷감 장사로서 하나님을 섬기는 루디아라 하는 한 여자가 말을 듣고 있을 때 주께서 그 마음을 열어 바울의 말(복음)을 따르게 하신지라 (행 16:14)

이렇게 빌립보에 마침내 유럽의 기독교 문명사를 열도록 전해진 그 복음의 진수는 무엇이었습니까?

복음은 나와 내 집을 구원하는 소식입니다

이미 말씀드린 것처럼 바울 사도가 빌립보 도시에 와서 첫 번째 얻은 복음의 결신자는 바로 루디아라는 여인입니다. 그날 그녀가 복음을 받아들인 결과가 무엇이었을까요?

> 그와 그 집이 다 침례(세례)를 받고 우리에게 청하여 이르되 만일 나를 주 믿는 자로 알거든 내 집에 들어와 유하라 하고 강권하여 머물게 하니라
> (행 16:15)

여기서 중요한 대목은 복음을 받아들인 증거로 그와 그 집이 다 침례(세례)를 받았다고 증언된 대목입니다.

침례(세례)는 물 속에 들어갈 때 내 옛 사람은 죽고, 물 속에서 나오면서 예수의 새 생명을 얻어 새 사람이 되었음을 상징적으로 고백하는 의식입니다. 이 침례(세례)에 온 가족이 함께 참여한 것입니다. 이 좋은 복음, 이 좋은 예수를 나 혼자 믿을 수 없고 나 혼자 따를 수 없다고 판단한 것입니다. 이래서 가족 복음화가 이루어졌습니다. 이것은 자동적으로 이루어지는 것은 아니지만 누군가가 진지하게 예수를 믿으면 그를 통해 복음은 마침내 그의 온 가족을 구원하는 결실로 나타나는 것이 보편적인 복음의 영향력입니다.

성지순례를 가 보면 빌립보 지역 루디아가 침례(세례)를 받던 강가

에 루디아 회심 기념교회가 서 있습니다. 소래교회가 한국 땅 최초의 교회였던 것처럼 빌립보교회가 유럽 땅 최초의 교회가 된 것입니다. 소래교회가 처음은 서상륜의 사랑방에서 시작되었던 것처럼 빌립보교회도 루디아의 집에서 시작되었을 것입니다.

성경은 그와 그 집이 복음을 받고 침례(세례)를 받았다고 분명하게 기록합니다. 복음이 정말 좋은 것이라면 그 복음은 나의 가장 소중한 가족들에게 먼저 영향을 끼칠 수밖에 없을 것입니다. 사도행전 16장을 계속 읽어 보면 바울이 점을 치던 한 여인에게 복음을 전해 그녀가 더 이상 점을 치지 않게 되자 그녀를 고용했던 주인이 바울 일행을 고소해 감옥에 갇히게 됩니다. 억울한 상황이었지만 바울은 이 감옥에서 한밤중에 기도하고 하나님을 찬양합니다. 그때 갑자기 지진이 난 듯 감옥 터가 움직이고 바울 일행을 매고 있던 쇠사슬이 풀어집니다. 죄수들이 도망가면 문책을 면할 수 없다고 판단한 간수가 칼을 빼어 자결을 시도합니다. 이 현장에서 바울이 간수에게 전한 유명한 복음이 바로 사도행전 16장 말씀입니다.

이르되 주 예수를 믿으라 그리하면 너와 네 집이 구원을 받으리라 (행 16:31)

그래서 이번에는 이 간수의 온 집안이 예수를 믿고 침례(세례)를 받는 사건이 일어납니다. 복음은 나와 내 집을 구원하는 소식임을 입증하는 또 한 번의 사건입니다. 그렇습니다. 복음은 내게서 시작해 내 집을 구원하고 우리 마을을 구원하고 마침내 온 나라, 온 세상을 변화시키는 소식입니다. 서상륜이 받아들인 복음이 그의 가족 더 나아가 소래 마을에 그치지 않고 오늘의 한국 교회를 만든 것처럼 루디아의 집에 전해진 복음은 빌립보교회를 만들고 더 나아가 유럽 복음화와 유럽의 기독교 문명을 만드는 위대한 시작이 되었습니다.

복음은 참된 기쁨으로 삶을 살게 하는 소식입니다

바울이 처음 빌립보 도시에 왔던 시기는 AD 51년경이었을 것입니다. 그로부터 꼭 10년 세월이 지나 AD 61년경의 일입니다. 이번에는 바울이 로마의 감옥에 갇혀 재판을 기다리고 있었습니다. 거기서 바울은 빌립보 성도들에게 편지를 씁니다. 그 편지가 바로 빌립보서로 바울의 옥중서신의 하나입니다. 이 서신서의 시작입니다.

3 내가 너희를 생각할 때마다 나의 하나님께 감사하며 4 간구할 때마다 너희 무리를 위하여 기쁨으로 항상 간구함은 (빌 1:3-4)

바울은 빌립보 성도들을 생각할 때마다 너무너무 기쁘다고 말하니다. 이렇게 시작한 이 편지에서 바울은 '기쁘다, 기쁨'이라는 단어를 동사 명사형으로 무려 열여섯 번이나 사용합니다. 그래서 빌립보서의 별명은 기쁨의 서신, 환희의 서신입니다. 그런데 바울이 빌립보 성도들을 생각하며 이렇게 기뻐한 이유는 무엇입니까?

너희가 첫날부터 이제까지 복음을 위한 일에 참여하고 있기 때문이라 (빌 1:5)

그들이 복음을 받아들인 후 복음 안에 머물러 살고 있고 복음을 위해 사는 모습을 보았기 때문입니다. 바울이 기뻐한 이유, 복음 때문이었습니다.

기독교 역사에 보면 종종 복음의 초점이 잘못 강조된 다른 복음들이 등장한 때가 적지 않았습니다. 오늘날 참된 복음의 변질을 가져오는 가장 보편적이면서 그릇된 복음의 한 형태가 '번영 복음'(Prosperity gospel) 혹은 '번영 신학'(Theology of prosperity)이라고 생각합니다. 이 신학은 우리가 예수를 믿기만 하면 모든 것이 형통하고 축복이 쏟아지고 병도 들지 않고 돈이 쏟아져 들어오고 출세만이 기다린다고 가르칩니다. 하지만 이것은 사실이 아닙니다. 성경적으로 사실이 아니고 경험적으로도 사실이 아닙니다.

바울이 빌립보서에서 기뻐하라고, 자신도 기뻐한다고 한 것은 단순한 상황 때문이 아닙니다. 상황으로 말하자면 그는 지금 감옥에서 쇠사슬에 매여 있습니다. 그러나 여기서도 복음은 매이지 않고 전해지고 있다고 말합니다. 그리고 그가 10년 전 복음을 전한 빌립보 성도들이 여전히 복음 안에 머물러 살고 있었다는 사실, 이것이 바울의 참된 기쁨의 이유였던 것입니다. 그래서 빌립보서에는 다음과 같이 쓰여 있습니다.

주 안에서 항상 기뻐하라 내가 다시 말하노니 기뻐하라 (빌 4:4)

잊지 마십시오. 그는 지금 감옥에서 이 편지를 쓰고 있습니다. 그러나 감옥이 가둘 수 없었던 기쁨, 쇠사슬이 맬 수 없었던 기쁨, 이 기쁨으로 우리가 살아야 한다고 말합니다. '기뻐하라'는 명령입니다. 우리는 기쁨을 선택하며 살아야 하고 그렇게 살 수 있습니다. 살다 보면 영혼의 어두운 감옥이 혹은 육체의 질병의 감옥이 우리를 가둘 수도 있습니다. 근심과 염려가 우리를 포박할 수도 있습니다. 그러나 복음의 주인이신 그리스도가 함께한다면 우리는 여전히 기뻐하며 살수 있습니다. 복음으로 말미암아 우리 안에서 시작된 모든 선한 일들은 마침내 그 결실을 볼 것을 알기 때문입니다. 빌립보서에도 그런 고백이 있지 않습니까?

너희 안에서 착한 일을 시작하신 이가 그리스도 예수의 날까지 이루실 줄을 우리는 확신하노라 (빌 1:6)

그래서 주 안에서 기뻐하라고 말합니다. 복음은 참된 기쁨 곧 주 안에 거하는 기쁨으로 인생의 모든 역경을 이기게 하는 소식입니다.

복음은 그 헌신에 합당한 보상이 있는 소식입니다

참된 복음은, 예수를 믿기 때문에 우리 삶에서 더 이상 고난이나 역경은 없으리라고 말하지 않습니다. 번영 신학은 사실이 아니라는 이야기입니다. 그럼에도 불구하고 복음은 복음을 위해 산 사람들에게 결코 후회하지 않을 상급을 약속합니다. 바울이 빌립보 성도들에게 이 편지를 쓰는 이유가 거기에 있었습니다.

빌립보서 1장 7-8절에 의하면 바울이 빌립보의 성도들에게 받은 감동의 하나가 그들이 바울의 고난 때문에 시험을 받는 것이 아니라, 여전히 바울의 고난에 함께 동참하고 위로를 나누고 있다는 것입니다. 그리고 더 나아가 복음을 변명함과 확정하는 일에 동역자가 되어 함께 참여했다는 사실입니다. 그런 빌립보 성도들에게 바울은 결론적으로 이런 축복을 남깁니다.

나의 하나님이 그리스도 예수 안에서 영광 가운데 그 풍성한 대로 너희 모든 쓸 것을 채우시리라 (빌 4:19)

이렇게 복음의 소중함을 알고 헌신하는 빌립보 성도들을 하나님이 책임지시고 축복하는 것은 당연하다고 믿은 까닭입니다. 지나간 역사 속에서 우리 신앙의 선배들이 공통적으로 경험하고 증언한 진실이기도 합니다. 복음이 우리에게 이 세상의 번영을 보증하는 것은 아니지만 복음의 소명을 이루기 위해 복음에 헌신하는 사람들의 삶을 하나님이 책임져 주신다는 고백 말입니다. "하나님의 뜻에 맞는 하나님의 일에 하나님의 공급이 결핍한 일은 없습니다" 라는 허드슨 테일러의 말이 이를 잘 설명해 줄 것입니다.

최근 팔 다리 없이 몸통만으로 살면서 인류에게 기적과 감동을 주는 닉 부이치치가 두 번째 한국을 다녀갔습니다. 이번에 그는 결혼한 사람으로 우리 앞에 나타났습니다. 그는 어렸을 때 이렇게 생각했다고 합니다. 난 대학에도 갈 수 없고, 직장도 가질 수 없고, 결혼도 할 수 없고, 아내를 만나 함께 춤출 수도 없고 아이를 가질 수도 없다고 말입니다. 그러나 그는 대학에 갔고 아름다운 일본계 그리스도인 자매와 결혼했고 예쁜 아들 기요시를 두었습니다. 그는 스케이트보드를 타고 1분에 43단어를 타이핑하고 드럼을 연주하고 요트를 운전하고 스카이다이빙에 도전하고 있습니다. 그는 전 세계 400만 명 앞에서 복음을 전했으며 매년 270회 이상 강연하고 있습니다.

그가 최근 두 번째로 펴낸 책 제목은《플라잉》입니다. 그는 이렇게 말합니다.

"내가 원하는 것을 언제나 얻을 수 있을까요? 아닙니다. 하지만 주님이 원하시는 것은 늘 얻을 수 있습니다. 내게도 즐거운 날이 있는가 하면 슬픈 날이 있습니다. 아니 벽에 부딪치고 쓰러지고 자빠지기가 일쑤입니다. 그렇지만 한없이 연약해지는 순간, 그때가 제가 하나님의 권능을 체험할 때임을 저는 압니다. 그때가 제가 기도하고 하나님을 신뢰할 때임을 저는 압니다. 이 땅의 중력을 거스를 수 없을 때 저는 시선을 하나님께 맞춥니다. 그러면 기적이 일어납니다. 믿음의 날개가 솟습니다. 믿음을 행동으로 옮기는 순간 저는 하나님의 권능을 경험합니다."

플라잉이 필요하지 않으십니까? 그것은 복음을 받아들이고 헌신한 사람들에게 주시는 상급입니다. 닉이 역경을 이기게 하고 아름다운 가정을 얻게 하고 세상을 변화시키는 플라잉을 가능하게 한 것, 그것이 바로 복음의 희망, 복음이 주는 상급입니다.

골로새서 1장 3-5절

3 우리가 너희를 위하여 기도할 때마다 하나님 곧 우리 주 예수 그리스도의 아버지께 감사하노라 4 이는 그리스도 예수 안에 너희의 믿음과 모든 성도에 대한 사랑을 들었음이요 5 너희를 위하여 하늘에 쌓아 둔 소망으로 말미암음이니 곧 너희가 전에 복음 진리의 말씀을 들은 것이라

복음의 열매는 그 값을 매길 수 없습니다

한국을 한 번도 밟지 않았지만 한국 초기 선교에 결정적인 영향을 미친 영국 선교사들이 있습니다. 영국에서 중국 만주로 파송된 존 로스와 매킨타이어 선교사입니다.

조선 후기 한국인들 가운데는 중국어와 만주어가 모두 가능한 진취적이고 깨어 있는 사람들이 있었습니다. 그들은 지금의 북한 땅 의주를 중심으로 중국에 국경 무역을 하는 청년들이었습니다. 이들은 고려 인삼(홍삼)과 금, 납, 문종이 등을 들고 만주 통화현 고려문을 방문했다가 중국에서 사역하며 한국 선교에 관심을 갖고 기도하던 두 선교사와 접선하게 됩니다.

1874년의 일입니다(아펜젤러와 언더우드의 제물포 입항은 1885년). 존 로스 선교사는 이들 가운데 이응찬이라는 사람을 만나 그와 그의 친구들의 도움으로 1878년 봄까지 요한복음과 마가복음을 번역합니다. 그리고 이어 서상륜이라는 청년을 만나 누가복음을 번역합니다. 서상륜은 동생 서경조와 함께 홍삼 장사차 만주 영구에 왔다가 우연히 열병에 걸렸는데, 매킨타이어 선교사의 도움으로 치료를 받고 전도를 받아 만주 우장에서 세례를 받습니다(1879년). 열병에서 완쾌된 후 그는 존 로스 선교사의 한국어 선생이자 성경 번역자가 됩니다. 존 로스 선교사는 이 역사적 사건을 선교 본부에 보내는 문서에 다음과 같은 기록으로 남깁니다.

　　"매킨타이어는 네 사람의 조선인 유생에게 세례를 베풀었다. 이들이야말로 장차 거두어들일 풍성한 수확의 첫 열매라고 확신한다. 현재는 조선이 서방 세계와 철저하게 단절되어 있지만 곧 쇄국의 빗장이 풀릴 것이다. 천성적으로 조선인은 중국인보다 덜 악하고 종교성이 깊어 기독교가 전파되기만 하면 급속도로 확산될 것으로 기대한다."

　　1883년 서상륜은 번역된 성경을 들고 전도인이 되어 황해도 솔내(송천, 소래)에 들어왔습니다. 그리고 이것이 한국 최초의 소래교회의 시작이 됐습니다.

한국 선교가 한국 땅을 한 번도 밟지 않은 영국 선교사들에 의해 시작된 것처럼 오늘 우리가 함께 생각할 골로새교회도 골로새를 한 번도 방문하지 못한 바울 사도에 의해 시작되었습니다. 잘 아시는 대로 1세기 바울의 소아시아 선교의 핵심 거점은 에베소였습니다. 바울은 2년 이상 에베소에 머물며 소아시아 각지에서 오는 사람들에게 복음을 전하고 제자 훈련을 했습니다.

> 두 해 동안 이같이 하니 아시아에 사는 자는 유대인이나 헬라인이나 다 주의 말씀을 듣더라 (행 19:10)

이때 골로새에서 서쪽으로 160킬로미터 떨어진 에베소에 와서 바울 사도에 의해 복음을 듣고 훈련받은 제자 중에 골로새 사람 에바브라와 빌레몬이 있었을 것으로 추정됩니다. 바로 이들에 의해 골로새교회가 설립되어 골로새 지역에 복음의 열매를 맺은 것입니다.

> 6 이 복음이 이미 너희에게 이르매 너희가 듣고 참으로 하나님의 은혜를 깨달은 날부터 너희 중에서와 같이 또한 온 천하에서도 열매를 맺어 자라는도다 7 이와 같이 우리와 함께 종 된 사랑하는 에바브라에게 너희가 배웠나니 그는 너희를 위한 그리스도의 신실한 일꾼이요 (골 1:6-7)

이렇게 골로새에 전해진 복음, 이 복음이 골로새 성도들 안에서 맺은 열매들은 무엇일까요?

복음의 열매는 그리스도 예수 안에 있는 믿음입니다

어떤 학생이 시험을 치르는데 이런 문제가 나왔습니다.

"우리 몸에 필요한 3대 영양소는 무엇인가?"

그는 탄수화물과 단백질은 생각났는데 지방이 생각이 잘 안 나서 한참을 고민하다가 답을 적었습니다. 비계라고 말이지요.

성도들의 영적 건강을 위해 3대 영양소가 필요합니다. 그것이 바로 믿음, 소망, 사랑입니다. 바울은 이 세 가지 요소가 복음을 들은 결과 얻은 열매들이라고 말합니다.

4 이는 그리스도 예수 안에 너희의 믿음과 모든 성도에 대한 사랑을 들었음이요 5 너희를 위해 하늘에 쌓아둔 소망으로 말미암음이니 곧 너희가 전에 복음 진리의 말씀을 들은 것이라 (골 1:4-5)

바울 사도가 이 편지를 쓰던 당시의 골로새 교인들에게 영적 건강을 위해 가장 필요한 것이 무엇이냐고 물었다면 아마도 많은 골로새 교인들은 '영적 지식'이라고 대답했을 것입니다. 골로새 지역에 복음이 전해지고 얼마 지나지 않아 그들의 믿음을 흔드는 이단사상이 소개되었습니다. 바로 '영지주의'(Gnosticism)였습니다.

그들은 진정으로 복음을 안다면 특별하고 신비한 영적 지식이 있어야 한다고 주장했습니다. 오늘날 신천지 사람들이 비유 풀이를 아느냐고 접근하는 것을 연상하시면 됩니다. 그런데 바울은 아니라고 말합니다. 그는 복음을 전해 받은 첫째 열매는 무엇보다 예수에 대한 믿음이라고 강조합니다.

복음은 우리로 믿음의 사람이 되게 합니다. 그 믿음은 정의되지 않은 추상적이고 심리적인 신념과 같은 그런 믿음이 아닙니다. 성경은 분명하게 그리스도 예수 안에 있는 믿음이라고 말합니다. 복음의 핵심은 우리의 죄 문제 해결을 위해 십자가에서 죽으시고 우리에게 새 삶을 주시고자 다시 사신 예수 그리스도이십니다. 그러므로 참 복음을 들은 사람들은 예수 그리스도를 구주와 주님으로 믿습니다. 그리고 오직 그분만을 우리 삶의 주인으로 신뢰하고 살아갑니다.

로마의 황제 가이사를 주로 고백하던 시절 오직 그리스도 예수만을 주로 고백하고 살아가는 사람들이 바로 그리스도인들이었습니다. 그들은 돈이나 권력을 믿지 않고 오직 그리스도 예수 안에 저들의 믿음을 두고 살았습니다. 이것이 초대교회 성도들의 믿음이었고 청교도들의 믿음이었습니다. 지금은 그 의미가 많이 변질되었지만 그 청교도들은 미국에 와 돈을 만들면서 심지어 그 돈에도 "In God we trust"라고 새겼습니다. 이것이 바로 복음의 능력이요 복음의 열매였던 것입니다.

복음의 열매는 성도들에 대한 사랑입니다

복음의 핵심은 예수 그리스도입니다. 그런데 이 그리스도를 구주로 영접하고 하나님을 아버지로 부르는 사람들은 서로를 즉각적으로 형제자매로 인식합니다. 다시 말해 교회는 이 형제자매들의 영적인 가족 공동체입니다. 그들의 서로를 향한 용납과 희생이야말로 복음을 수용한 현저한 열매라고 말할 수 있습니다. 그래서 예수님은 요한복음 13장에서 자신의 제자들에게 새 계명을 말씀하십니다.

34 새 계명을 너희에게 주노니 서로 사랑하라 내가 너희를 사랑한 것같이 35 너희도 서로 사랑하라 너희가 서로 사랑하면 이로써 모든 사람이 너희가 내 제자인 줄 알리라 (요 13:34-35)

금세기 기독교 철학자요 전도자였던 라브리 공동체의 프란시스 쉐퍼는 이 그리스도인들의 서로 사랑을 그리스도의 제자들의 배지라고 했습니다.

골로새교회가 실천한 사랑의 모습을 생생하게 증언하는 짤막하지만 감동적인 서신이 하나 있습니다. 바로 빌레몬서입니다. 빌레몬서의 시작입니다.

네 집에 있는 교회에 편지하노니 (몬 1:2)

골로새교회는 아마도 빌레몬의 집에서 목장(셀) 교회 형태로 시작됐을 것입니다. 그런데 이제 골로새교회에 중요한 결단의 시간이 다가왔습니다.

일찍이 이 집의 노예였던 오네시모가 주인 빌레몬에게 재산상의 피해를 입히고 로마로 도망친 일이 있었습니다. 그런데 뜻밖에 빌레몬에게 로마 옥중에 있는 바울 사도로부터 편지 한 통이 도착합니다. 그것이 바로 빌레몬서입니다. 오네시모가 로마에서 바울을 만나 예수를 믿고 그리스도인이 되었으니 이제 그를 용서하고 한 가족으로 받아 달라는 부탁이었습니다.

10 갇힌 중에서 낳은 아들 오네시모를 위하여 네게 간구하노라 11 그가 전에는 네게 무익하였으나 이제는 나와 네게 유익하므로 12 네게 그를 돌려보내노니 그는 내 심복이라 16 이후로는 종과 같이 대하지 아니하고 종 이상으로 곧 사랑 받는 형제로 둘 자라 (몬 1:10-12, 16)

이것이 바로 복음의 능력입니다. 그리고 이런 사랑의 실천을 위해 바울은 기꺼이 대가를 지불할 각오가 되어 있었습니다.

> 그가 만일 네게 불의를 하였거나 네게 빚진 것이 있으면 그것을 내 앞으로 계산하라 (몬 1:18)

지구촌교회가 단순히 대형 교회로 머물기를 거부하고 목장 교회를 하는 이유가 바로 여기 있습니다.

구체적으로 내 곁에 있는 성도 한 사람 한 사람을 내 형제로 사랑하고 그들을 사랑하기 위해 기꺼이 희생의 값을 치르는 연습으로 삶의 보람과 의미를 만들어 가는 교회, 우리는 그런 교회가 참 복음을 소유한 교회이며 복음에 순종하는 교회라고 믿습니다. 복음의 열매는 성도들에 대한 사랑의 실천이어야 하기 때문입니다.

바울이 골로새교회를 보고 기뻐하고 감사한 것은 이런 복음의 열매를 볼 수 있었기 때문입니다.

> 3 우리가 너희를 위하여 기도할 때마다 하나님 곧 우리 주 예수 그리스도의 아버지께 감사하노라 4 이는 그리스도 예수 안에 너희의 믿음과 모든 성도에 대한 사랑을 들었음이요 (골 1:3-4)

복음의 열매는 하늘에 쌓아 둔 소망입니다

너희를 위하여 하늘에 쌓아 둔 소망으로 말미암음이니 곧 너희가 전에 복음 진리의 말씀을 들은 것이라 (5절)

성경은 이 세상을 살아가는 모든 사람들을 두 가지로 구별합니다. 하나는 땅에 보물을 쌓고자 하는 사람들이고, 또 다른 유형은 하늘에 보물을 쌓는 사람들입니다. 성경은 보물을 하늘에 쌓아 두라고 말씀하십니다. 거기에는 좀이나 동록이 해하지 못하고 도둑이 구멍을 뚫지 못한다고 말씀하십니다. 하늘에 쌓아 둔 소망은 궁극적으로 영원한 천국의 소망이지만 동시에 그 영원한 천국에서 우리가 누릴 기업의 소망이기도 합니다.

복음을 듣고 구원의 확신을 가진 날부터 우리는 이 소망을 누려 왔습니다. 동시에 그 복음을 위해 우리의 삶을 헌신하는 순간마다 하늘에 보물을 하늘에 쌓아 두는 일을 해 온 것입니다. 가끔 천국 신앙을 타계 신앙이나 기복 신앙으로 비하하는 말을 듣기도 합니다.

예수 믿는 동기가 겨우 천국 가기 위한 이기적 목적 때문이냐고 묻는 분들이 있습니다. 그러나 우리가 세상을 살며 이기적 동기에 사로잡히는 이유가 저는 오히려 천국 신앙의 부재 때문이라고 믿습니다. 이 세상 다음에 올 영원한 세상을 참으로 믿는다면 이 세상의 이해관계에 그렇게 민감하게 집착할 필요가 있을까요? 순교자들의 당당함은 오히려 이 천국 신앙 때문이 아니겠습니까?

우리 주님이 이 세상에서 떠날 것을 예언하시면 제자들에게 마음에 근심하지 말라고 말씀하실 수 있었던 이유, 아버지 집에서 거할 곳이 예비되어 있으며, 그리고 거기 "나 있는 곳에 너희도 있게 하리라"(요 14:3)는 재회의 약속을 믿으신 때문이 아니었습니까?

지난해 강남 세브란스 암센터 원장이셨고 국내 유방암 명의로 알려진 이희대 박사가 향년 61세를 일기로 세상을 떠났습니다. 고인은 지난 2003년 대장암에 걸린 이후 무려 열두 번이나 암이 재발하는 암 4기의 인생을 살면서도 다른 암 환자들을 수술하고 환우들에게 소망을 불어넣는 삶을 중단하지 않았습니다. 강남 암 환자 기도회에는 항상 맨 앞자리에 앉았습니다. 그가 이토록 지난한 투병의 시간을 보내면서도 항상 웃음을 잃지 않고 살며《희대의 소망》이라는 책을 펴냈습니다. 그 이유를 그는 암 4기 건너편에 희망의 5기, 생명의 5기가 기다리기 때문이라고 고백합니다. 이것이 바로 그의 안에 일하시던 복음의 능력이 아니겠습니까?

그가 쓴 책에 보면 박사님은 암의 통증이 괴롭힐 때마다 그가 돌보던 한 환우를 기억해 냈습니다. 자신보다 오히려 의사인 자신을 위로해 주고 유난히 편안한 미소를 지어 보이며 죽음을 너무나 평안히 맞이한 한 분을 지켜보며 결국 그 이유는 단 하나 영생의 확신 때문이었다고 고백합니다. 박사님은 그를 지켜보며 자신 또한 의사의 사명과 복음에 빚진 자로서의 사명을 일깨웠다고 고백합니다. 이제 본인도 동일한 평화와 소망으로 그의 사명을 마치고 천국에 갔습니다. 이것이 바로 복음의 능력이요 복음의 궁극적인 열매, 바로 하늘에 쌓아둔 소망입니다.

데살로니가전서 1장 2-10절

²우리가 너희 모두로 말미암아 항상 하나님께 감사하며 기도할 때에 너희를 기억함은 ³너희의 믿음의 역사와 사랑의 수고와 우리 주 예수 그리스도에 대한 소망의 인내를 우리 하나님 아버지 앞에서 끊임없이 기억함이니 ⁴하나님의 사랑하심을 받은 형제들아 너희를 택하심을 아노라 ⁵이는 우리 복음이 너희에게 말로만 이른 것이 아니라 또한 능력과 성령과 큰 확신으로 된 것임이라 우리가 너희 가운데서 너희를 위하여 어떤 사람이 된 것은 너희가 아는 바와 같으니라 ⁶또 너희는 많은 환난 가운데서 성령의 기쁨으로 말씀을 받아 우리와 주를 본받은 자가 되었으니 ⁷그러므로 너희가 마게도냐와 아가야에 있는 모든 믿는 자의 본이 되었느니라 ⁸주의 말씀이 너희에게로부터 마게도냐와 아가야에만 들릴 뿐 아니라 하나님을 향하는 너희 믿음의 소문이 각처에 퍼졌으므로 우리는 아무 말도 할 것이 없노라 ⁹그들이 우리에 대하여 스스로 말하기를 우리가 어떻게 너희 가운데에 들어갔는지와 너희가 어떻게 우상을 버리고 하나님께로 돌아와서 살아 계시고 참되신 하나님을 섬기는지와 ¹⁰또 죽은 자들 가운데서 다시 살리신 그의 아들이 하늘로부터 강림하실 것을 너희가 어떻게 기다리는지를 말하니 이는 장래의 노하심에서 우리를 건지시는 예수시니라

복음은 우상을 버리고 믿음과 사랑과 소망으로 인생을 살게 합니다

2007년 7월은 아마도 한국 교회 선교사상 가장 잔인한 해로 기억될 것입니다. 우리들의 이웃 교회 샘물교회 단기 선교단 23명이 아프간에서 봉사 중 탈레반에 의해 피납된 사건으로 한국 교회뿐 아니라 한국 사회 전체가 몸살을 앓았던 악몽 같은 시간이었습니다. 결국 이 사건은 인솔자인 배형규 목사와 또 한 명의 팀 원인 심성민 형제 두 사람이 순교한 채 나머지 21명의 무사귀환으로 막을 내렸습니다. 사건 발생 42일 만이었습니다. 저는 사건이 발발하던 때 미국 콜로라도에서 열린 한국 목회자 영성 수련회에 샘물교회 담임목사인 박은조 목사님과 함께 참여하기 위해 갔다가 도착 다음날 박은조 목사님에게 전달된 피납 소식을 곁에서 들으며 이 사건의 처음부터 마지막 종료 시점까지 아픔을 같이했습니다. 이 사건은 여러 가지 면에서 한국 교회로 하여금 단기 선교를 다시 돌아보게 한 사건이었습니다. 그래도 단기 선교, 계속되어야만 할까요?

대답은 그래도 단기 선교는 계속되어야 한다는 것입니다. 왜냐하면 선교와 사랑의 실천은 주님의 명령이기 때문입니다. 만일 우리 선배들이 복음 선교가 위험을 동반한다는 사실 때문에 선교를 중단했다면 오늘 우리가 이 자리에 앉아 하나님을 예배하는 일이 가능했을까요? 사랑이 고난을 동반한다는 사실 때문에 이 땅에 사는 모든 사람들이 사랑하기를 그친다면 세상은 어떻게 될까요? 물론 사랑이 고난을 경험할 때 우리는 더욱 성숙한 사랑, 지혜로운 사랑을 모색해야 합니다. 선교도 마찬가지입니다. 우리는 아프간 피납 같은 사건을 통해 더욱 지혜롭고 성숙한 선교를 고민해야 합니다. 그러나 이런 사건 이후 가장 나쁜 결정이 있을 수 있었다면 선교를 그만두자는 결정일 것입니다. 나는 한국 교회가 그런 결정을 하지 않은 것을 감사하게 생각합니다.

데살로니가서는 바로 단기 선교의 결과라는 것을 아십니까? 일반적으로 우리는 1-2주에서 2-3년까지를 단기 선교라고 일컫습니다. 그런데 바울은 그의 제2차 전도여행 중 AD 52년이나 53년경 데살로니가에 도착하여 3주에 걸쳐 복음을 전했다고 누가는 기록합니다.

₁그들이 암비볼리와 아볼로니아로 다녀가 데살로니가에 이르니 거기 유대인의 회당이 있는지라 ₂바울이 자기의 관례대로 그들에게로 들어가서 세 안식일에 성경을 가지고 강론하며 (행 17:1–2)

세 안식일이니까 3주 동안 그렇게 했다는 말입니다. 그래서 성경 학자들은 바울이 데살로니가에 최소 3주, 최장 약 7개월까지 머물렀을 가능성이 있다고 봅니다. 그러나 이런 단기 선교에도 불구하고 본문 5절에 보면 복음이 그 도시에 말로만 아니라 능력과 성령과 큰 확신으로 전해졌고 그 결과 세워진 데살로니가 교회 성도들의 믿음의 소문이 각처에 퍼졌다고 기록합니다(8절). 도대체 데살로니가에 전해진 복음은 어떤 복음이었을까요?

복음은 우상을 버리고 살아 계신
하나님을 섬기게 하는 소식입니다

그들이 우리에 대하여 스스로 말하기를 우리가 어떻게 너희 가운데에 들어갔는지와 너희가 어떻게 우상을 버리고 하나님께로 돌아와서 살아 계시고 참되신 하나님을 섬기는지와 (살전 1:9)

진정한 복음이 가져오는 첫 번째 삶의 변혁은 우리가 우상을 포기하고 이제부터 살아 계시고 참되신 하나님을 섬기게 된다는 것입니다. 여기 하나님을 살아 계시고 참되신 분이라고 묘사하는 장면이 있습니다. 우상의 존재는 무엇입니까? 우상은 죽어 있는 것(살아 있는 것의 반대)이며, 거짓된 것(참된 것의 반대)입니다. 우리가 복음을 듣고 그리스도 신앙을 선택한다는 것은 더 이상 죽어 있고 거짓된 것을 섬기지 않게 된다는 것을 의미합니다.

그럼에도 불구하고 인류가 복음보다 우상을 붙들고 사는 이유가 무엇입니까? 그것들이 우리를 행복하게 할 것으로 착각하기 때문입니다. 성경이 증언하는 대표적인 우상이 무엇인 줄 아십니까? 은과 금입니다. 지금으로 말하면 돈입니다.

열국의 우상은 은금이요 사람의 손으로 만든 것이라 (시 135:15)

신약에서는 우상의 본질이 바로 이런 물질에 대한 탐심이라고 증언합니다. 골로새서는 "탐심은 우상 숭배니라"(3:5)고 말합니다. 그것 때문에 하나님이 보이지 않는 것, 그것 때문에 하나님을 섬기는 데 방해가 되는 일체의 탐심이 바로 우상입니다. 많은 경우 돈이 때로는 지식이 때로는 인기가 때로는 권력이, 때로는 성공과 성취가 때로는 쾌락이 우상이 될 수 있습니다. 그래서 우상은 우리를 속이는 것입니다. 우상은 허상입니다. 우상이 우리를 배반할 때 비로소 우리는 우상이 거짓된 신이었음을 깨닫습니다.

복음이 무엇입니까? 복음은 살아 계시고 참되신 하나님만을 붙들고 사는 것입니다. 이렇게 우상을 버리고 복음 앞에 돌아오는 모습을 부흥이라고 말합니다. 그래서 우리가 '부흥'이라는 가스펠을 부르지 않습니까?

이 땅의 황무함을 보소서

하늘의 하나님 긍휼을 베푸시는 주여

우리의 죄악을 용서 하소서 이 땅 고쳐 주소서

이제 우리 모두 하나 되어 이 땅의 무너진 기초를 다시 쌓을 때

우리의 우상들을 태우실 성령의 불 임하소서

부흥의 불길 타오르게 하소서

진리의 말씀 이 땅 새롭게 하소서

은혜의 강물 흐르게 하소서

성령의 바람 이제 불어와

오, 주의 영광 가득한 새 날 주소서

오, 주님 나라 이 땅에 임하소서

바로 이런 부흥이 바울 사도의 단기 선교로 데살로니가에 임한 것

입니다. 사도행전에 보면 바울 일행의 복음 증거가 데살로니가 한 도시에 미친 영향을 도시에 살던 유대인들이 증언합니다.

"천하를 어지럽게 하던 사람들이 여기에도 이르렀다"(17:6 참조).

KJV은 이 대목을 이렇게 번역했습니다.

"These that have turned the world upside down"(세상을 뒤집어 바꾸어 놓은 사람들).

복음은 지금도 동일한 역사를 가져올 수 있습니다.

복음은 우리 성도들이 '신, 망, 애'의 삶을 살게 하는 소식입니다

신망애는 믿음, 소망, 사랑입니다. 가톨릭에서는 신덕, 망덕, 애덕 이렇게 말합니다. 믿음, 소망, 사랑이 고린도전서 13장에만 나오는 줄로 아는 성도들이 있습니다. 아닙니다. 성경 도처에서 이 세 가지 덕을 언급합니다. 복음을 듣고 예수를 믿으면 반드시 누리는 삶의 특권입니다. 복음을 들은 결과로 우리는 믿음의 삶, 소망의 삶, 사랑의 삶을 살 수 있습니다.

너희의 믿음의 역사와 사랑의 수고와 우리 주 예수 그리스도에 대한 소망의 인내를 우리 하나님 아버지 앞에서 끊임없이 기억함이니 (살전 1:3)

복음은 우리로 예수를 믿고 하나님을 섬기게 하는 데서 그치지 않습니다. 복음은 우리 삶의 모든 영역을 바꾸어 버립니다. 복음은 우리의 인생관을 바꾸고 세계관을 바꿉니다. 보다 구체적으로 이제 변화된 우리의 삶은 믿음과 소망과 사랑의 삶이 됩니다.

그런데 여기 본문 3절은 믿음을 말할 때 특히 믿음의 역사를 말합니다. 믿음으로 산다는 것은 믿음으로 일하게 된다는 것입니다. 그냥 일하는 것이 아니라 믿음으로 말미암은 일을 하게 된다는 뜻입니다. 영어성경 NIV에는 "your work produced by faith"(믿음으로 생산된 당신의 사역)라고 했습니다. 전에는 그냥 내 생각으로 내 신념으로 내 철학으로 일했지만 이제는 하나님과 그리스도를 믿는 믿음으로 모든 일을 하게 된다는 말입니다. 그러면 사랑으로 산다는 의미는 무엇일까요? 본문은 '사랑의 수고'라고 말합니다. NIV는 '사랑으로 촉진되는 수고'(your labor prompted by love)라고 말합니다.

우리가 수고하지만 어떤 경우는 의무감으로만 수고하고 어떤 경우는 체면으로만 수고하기도 합니다. 그러나 정말 복음을 깨달은 사람들은 하나님의 사랑을 깨달은 사람들입니다. 그들은 이제 그 사랑에 빚진 자인 줄 알기에 사랑으로 모든 일을 합니다.

이 변화가 일어난 것입니다. 그리고 이제 '소망의 인내'를 갖습니다. 여기서 말하는 인내는 '예수 그리스도에 대한 소망으로 감동받은 결과로서의 인내'(your endurance inspired by hope in our Lord Jesus

Christ)입니다. 단순히 억지로 버티는 인내가 아니라, 예수께서 다시 오시는 날, 모든 것을 바로 잡아 주실 그분을 믿기에 우리는 소망으로 인내할 수 있습니다. 여전히 부족하지만 믿음으로 모든 일을 감당하고 사랑하려는 맘으로 수고하고 예수님을 생각하며 상황을 인내하는 변화가 있다면 우리는 복음을 받은 자입니다.

복음은 정녕 우리 성도들이 믿음, 소망, 사랑의 삶을 살게 하는 소식입니다. 믿음을 상실한 시대에서, 참 사랑을 잊고 있는 시대에서, 그리고 쉽게 희망을 포기하는 시대에서 우리가 믿음과 소망과 사랑으로 살 수 있다는 것, 복음이 아닙니까? 데살로니가에 전한 동일한 복음을 붙들고 사는 우리가 되었으면 좋겠습니다.

복음은 부활하신 그리스도의
다시 오심을 기다리게 하는 소식입니다

바울이 데살로니가에 도착해 전한 복음의 핵심은 무엇일까요? 다음 말씀에 그 대답이 있습니다.

뜻을 풀어 그리스도가 해를 받고 죽은 자 가운데서 다시 살아나야 할 것을 증언하고 이르되 내가 너희에게 전하는 이 예수가 곧 그리스도라 하니 (행 17:3)

복음의 핵심은 예수 그리스도의 죽음과 부활입니다. 그의 죽으심으로 우리가 죄 사함을 받았고 그의 부활로 우리가 새 생명 가운데서 살아갈 수가 있었기 때문입니다. 그러나 바울은 본문 데살로니가에 전하는 메시지를 통해 복음의 영역을 조금 더 확장해서 증거합니다. 그리스도의 죽음과 부활뿐 아니라 그의 재림까지도 복음이라는 것입니다.

> 또 죽은 자들 가운데서 다시 살리신 그의 아들이 하늘로부터 강림하실 것을 너희가 어떻게 기다리는지를 말하니 이는 장래의 노하심에서 우리를 건지시는 예수시니라 (살전 1:10)

그의 재림은 인류의 궁극적인 심판에서 우리를 영원히 건져 내시고 우리의 구원을 완성하실 사건입니다. 십자가의 복음을 받아들였지만 아직도 사단이 활동하고 죄의 세력이 흥왕하는 세상에서 그리스도인들은 힘들고 고단한 삶을 사는 남은 자, 소수자들일 수 있습니다. 그런 우리에게 예수님의 다시 오심은 궁극적인 소망입니다. 그래서 복음은 부활하신 그리스도, 살아 계신 그리스도가 이 역사 속에 다시 돌아오신다는 소식입니다. 그런데 문제는 그런 그리스도의 재림을 우리는 어떻게 기다리며 오늘을 살아야 할까요?

당시 데살로니가의 성도들 가운데 이런 그리스도를 기다리기 위해 일상의 삶을 져 버리는 성도들이 있었던 듯합니다. 그리고 그들의 일상의 일을 도피하는 핑계가 그리스도의 재림이었습니다. 바울은 데살로니가후서 3장 10절에서 "누구든지 일하기 싫어하거든 먹지도 말게 하라"고 그들을 꾸짖습니다. 재림의 소망을 가진 사람일수록 날마다의 삶을 믿음과 소망과 사랑으로 당당하게 살아가야 합니다. 우리가 이렇게 당당할 수 있음은 궁극적으로 우리의 상급이 되어 주실 그분과의 다시 만남을 기다리기 때문입니다.

탈레반에게 잡혔을 때 인솔자 배형규 목사는 한두 사람의 죽음을 예견하고 이렇게 말했다고 합니다.

"이들은 자신들의 협상을 유리하게 끌고 가기 위해 우리 중 한두 사람을 죽일지 모르겠습니다. 아마도 선전 효과를 위해 비디오를 찍으며 총살을 할 것입니다. 그때는 제가 먼저 앞장을 서겠습니다. 이 사람들에게 하나님의 사랑을 전하겠습니다. 그리고 예수 믿고 구원받으라고 말하겠습니다."

그때 연장자인 유경식 전도사가 말했습니다.

"목사님, 순서를 바꾸시지요. 저는 이제 살 만큼 살았습니다."

이때 배형규 목사는 이렇게 대답했답니다.

"어디 전도사가 목사 자릴 넘봅니까? 저는 어차피 나이 들면 선교지에서 여생을 마칠 생각을 했습니다."

한편 8월 13일 탈레반이 두 명의 여자를 먼저 석방하기로 했을 때

이지영 자매는 김경자 자매를 먼저 가도록 양보했다고 합니다. 이 광경은 탈레반까지도 감동시켰고 이 소식을 전해 들은 다국적군들은 나중에 전원 석방이 이루어졌을 때 다른 팀 멤버를 살리기 위해 자리를 양보한 이지영 자매에게 전인범 한국군 준장을 통해 사랑과 존경의 뜻으로 목걸이를 전했다고 합니다.

언젠가 이 단기선교 팀이 아프간에 심고자 했던 복음의 씨앗은 그 땅에 희망의 꽃이 되어 다시 피고야 말 것입니다. 이것이 복음의 능력이요, 재림의 소망입니다. 이 동일한 복음이 데살로니가에 전해져 이 도시를 바꾼 것입니다. 이제 우리가 이 복음을 들고 다시 나아갈 때입니다.

디모데후서 3장 14-17절; 4장 1-2절

¹⁴ 그러나 너는 배우고 확신한 일에 거하라 너는 네가 누구에게서 배운 것을 알며 ¹⁵ 또 어려서부터 성경을 알았나니 성경은 능히 너로 하여금 그리스도 예수 안에 있는 믿음으로 말미암아 구원에 이르는 지혜가 있게 하느니라 ¹⁶ 모든 성경은 하나님의 감동으로 된 것으로 교훈과 책망과 바르게 함과 의로 교육하기에 유익하니 ¹⁷ 이는 하나님의 사람으로 온전하게 하며 모든 선한 일을 행할 능력을 갖추게 하려 함이라

¹ 하나님 앞과 살아 있는 자와 죽은 자를 심판하실 그리스도 예수 앞에서 그가 나타나실 것과 그의 나라를 두고 엄히 명하노니 ² 너는 말씀을 전파하라 때를 얻든지 못 얻든지 항상 힘쓰라 범사에 오래 참음과 가르침으로 경책하며 경계하며 권하라

복음은 강이 되어 흘러가 목마른 모든 사람에게 생수가 되어야 합니다

인생을 살면서 자기 인생과 생각을 위탁할 수 있는 친구 한 사람을 가진 인생은 행복한 인생이 아닐 수 없을 것입니다. 저와 여러분에게도 우리 인생 여정에 그런 한 사람이 있을까요?

만일 동일한 질문을 바울 사도에게 던진다면 바울은 빙그레 웃으며 "물론 내게는 그런 한 사람이 있지" 하고 대답할 것입니다. 바울에게 그 한 사람은 바로 디모데였습니다. 바울은 디모데를 '주 안에서 사랑하고 신실한 아들'(고전 4:17)이라고 '나의 동역자'(롬 16:21)라고, 그리고 더 나아가 그를 '형제와 그리스도의 복음 안에서의 하나님의 일꾼'(살전 3:2)이라고 부릅니다. 빌립보서 말씀을 보십시오.

₂₀ 이는 뜻을 같이하여 너희 사정을 진실히 생각할 자가 이밖에 내게 없음이라 ₂₁ 그들이 다 자기 일을 구하고 그리스도 예수의 일을 구하지 아니하되 ₂₂ 디모데의 연단을 너희가 아나니 자식이 아버지에게 함같이 나와 함께 복음을 위하여 수고하였느니라 (빌 2:20–22)

그 바울이 지금은 채광과 환기를 위해 천정에 겨우 구멍 하나 달린 음습한 로마의 감옥에 두 번째 투옥되었습니다. 그는 자신의 마지막 순간이 다가옴을 예감하며 마지막 편지를 쓰고 있습니다. AD 66년 경의 일이 었습니다. 이 편지가 바로 디모데후서입니다. 이 마지막 편지에서 바울은 제자 디모데를 향해 마지막으로 하고 싶었던 부탁을 하고 있습니다.

우리 안에 거하시는 성령으로 말미암아 네게 부탁한 아름다운 것을 지키라 (딤후 1:14)

그것은 바로 아름다운 복음이었습니다. 바울이 마지막 순간까지 당신의 제자 디모데에게 부탁하는 그 아름다운 복음은 어떤 복음일까요?

복음은 성경의 지혜로만 구원에 이르게 된다는 소식입니다

바울이 그의 제2차 전도여행 중 처음 디모데를 만나던 AD 51년경의 상황을 이렇게 기록합니다.

바울이 더베와 루스드라에도 이르매 거기 디모데라 하는 제자가 있으니 그 어머니는 믿는 유대 여자요 아버지는 헬라인이라 (행 16:1)

디모데의 어머니는 유대인이었지만 아버지가 헬라인이어서 디모데는 유대 문화와 헬라 문화의 영향을 함께 받으며 자랐습니다. 당시 헬라 문화는 소아시아를 지배했고 소아시아의 청년들과 지성인들은 헬라 철학의 영향을 피할 수 없었습니다. 바울은 "유대인은 표적을 구하고 헬라인은 지혜를 찾으나"(고전 1:22)라고 기록합니다. 그러나 소크라테스와 플라톤을 낳은 헬라 철학도 하나님을 찾고 인간의 영혼을 구원하는 일에는 무력한 세상의 지혜에 불과했습니다. 바울 사도의 증언입니다.

하나님의 지혜에 있어서는 이 세상이 자기 지혜로 하나님을 알지 못하므로 하나님께서 전도의 미련한 것으로 믿는 자들을 구원하시기를 기뻐하셨도다 (고전 1:21)

그래서 본문에서 바울은, 복음은 인간 구원의 유일한 지혜를 제공하는 성경의 지혜에만 있다고 말합니다. 그래서 신학자들은 성경을 가리켜 하나님의 '특별 계시'(special revelation)라고 일컫습니다. 디모데는 여기 헬라 문화의 토양인 당시 소아시아 대륙에서 자라면서도 경건한 유대인 어머니를 통해 어려서부터 성경을 접할 수 있었습니다. 얼마나 놀라운 하늘의 섭리적 축복이었을까요? 그런 배경에서 본문 디모데후서 말씀을 보겠습니다.

> 또 어려서부터 성경을 알았나니 성경은 능히 너로 하여금 그리스도 예수 안에 있는 믿음으로 말미암아 구원에 이르는 지혜가 있게 하느니라 (딤후 3:15)

세상의 어떤 책이 우리에게 죄 문제에 대한 해답과 인간 구원의 소식을 전해 줍니까? 세상의 어떤 책이 인류의 유일한 구원자이신 그리스도에 대한 증언을 담고 있습니까? 그래서 바울은 복음은 "성경대로 그리스도께서 우리 죄를 위하여 죽으시고 장사 지낸 바 되셨다가 성경대로 사흘 만에 다시 살아"(고전 15:3-4)신 것이라고 증거하지 않았습니까? 세상 어떤 책이 하나님의 아들이신 그리스도가 인류의 죄 문제를 해결하고자 십자가에서 속죄의 제물이 되어 죽으실 것과 장사한 지 사흘 만에 부활하사 생명의 주가 되어 우리를 새 생명 가운데로 인도하실 것을 증언한 책이 있었단 말입니까? 그래서 복음은 성경의 지혜이신 예수 그리스도를 믿음으로 우리가 죄 사함 받고 구원에 이르게 된다는 바로 그 소식인 것입니다. 바울은 디모데가 이 어머니를 통해 처음 접한 복음을 지키는 자로, 그리고 전하는 자로 살게 될 것을 기대해 이 복음을 그에게 부탁한 것입니다.

1893년 M. B. 윌리엄스 목사는 미국 보스턴에 6천 명의 복음 사역자들이 모인 집회에서 설교를 앞두고 찬양 인도를 맡은 틸만 목사를 찾아갑니다. 그러고는 다음 날 저녁 성경의 소중함에 대해 설교할 터인데 적절한 찬송을 선택해 달라는 부탁을 합니다. 한참을 뒤적이던 틸만 목사가 윌리암스에게 대답했습니다.

"목사님 차라리 목사님이 작사를 하시면 제가 작곡을 해 보지요."

그때 마침 윌리암스가 가지고 있던 성경은 자신의 어머니가 유산으로 물려준 어머니가 늘 보시던 성경이었습니다. 그 순간 성경을 손에 들자마자 어린 시절 그 성경을 들고 성경 이야기를 들려주며 예수님을 소개해 주던 어머니가 생각났고 그의 눈에서는 하염없는 눈물이 흘렀답니다. 그는 흐르는 눈물을 훔치며 15분 만에 아름다운 찬송시를 완성했습니다. 그가 눈물로 작시한 가사를 보던 찬양 사역자 틸만도 눈물로 가사를 읽으며 즉석에서 찬송가를 작곡합니다. 이 눈물로 태어난 찬양은 다음 날 밤 거기 모인 사역자들에게 성경의 영광을 눈물로 고백하게 하는 찬송이 되었습니다. 그 찬송은 이렇게 시작합니다.

나의 사랑하는 책 비록 헤어졌으나

어머니의 무릎 위에 앉아서

재미있게 듣던 말 그때 일을 지금도

내가 잊지 않고 기억합니다

예수 세상 계실 때 많은 고난당하고

십자가에 달려 죽임당한 일

어머니가 읽으며 눈물 많이 흘린 것

지금까지 내가 기억합니다

귀하고 귀하다 우리 어머님이 들려주시던

이 성경 심히 사랑합니다 (199장)

이 성경의 복음이 디모데에게 전달되고 우리에게도 전달된 것을 기뻐하십시다.

복음은 하나님의 사람으로 우리를 온전케 하는 소식입니다

바울에게 복음은 성경의 지혜로 우리를 구원하는 일에서 그치지 않습니다. 바울은 이어서 우리를 구원한 이 성경이 우리를 온전하게

한다고 선포합니다. 오늘날 어떤 그리스도인들에게 기독교의 복음은 우리가 세상을 떠나는 날 우리로 천국을 바라보게 하는 보험의 의미를 넘어서지 못하는 것 같습니다. 왜 그럴까요? 성경으로 살지 못하기 때문입니다. 그래서 바울은 구원의 의미를 넘어선 오늘의 삶의 마당에서 우리가 경험할 수 있는 성경의 유익을 가르칩니다.

> 16 모든 성경은 하나님의 감동으로 된 것으로 교훈과 책망과 바르게 함과 의로 교육하기에 유익하니 17 이는 하나님의 사람으로 온전하게 하며 모든 선한 일을 행할 능력을 갖추게 하려 함이라 (딤후 3:16-17)

문제는 우리가 이 성경 말씀과 더불어 날마다 살지 않는다는 것입니다. 그래서 바울은 "너는 배우고 확신한 일에 거하라"(딤후 3:14)고 부탁합니다. 우리는 복음을 받을 뿐 아니라, 복음 안에 거할 수 있어야 합니다. 복음 안에 머물러 살아야 합니다.

한 청년이 유명한 전도자 무디에게 와서 물었습니다.

"나는 성경을 붙들고 사는데 왜 내 인생이 변화되지 않는 것입니까?"

무디는 이렇게 대답했습니다.

"자네가 아무리 성경 말씀을 붙들고 다닌들 자네 인생이 변하겠나? 이 성경 말씀이 자네를 붙들고 있어야지."

그렇습니다. 우리가 성경을 붙드는 것이 아니라 성경이 우리를 붙드는 날, 이 성경이 우리를 책망하고 성경이 우리를 교정하고 성경이 우리를 의의 길로 인도하신다면 우리가 변하지 않겠습니까? 무디의 동역자 르우벤 토레이 목사는 말했습니다.

"이 땅에 정말 우리가 필요로 하는 번역 성경이 있다면 그것은 우리의 삶으로 성경을 번역하는 것입니다."

그때 비로소 우리는 하나님의 사람으로 온전하게 됨을 경험할 것입니다. 그때 우리가 행하는 선한 일들조차 온전해질 것입니다. 복음의 유익과 축복은 거기까지 가야 합니다. 바울이 디모데에게 전한 복음은 우리에게 영원한 천국을 보장할 뿐 아니라, 지금 여기에서 하나님의 사람으로서의 우리의 사람됨을 온전하게 하는 복음입니다.

복음은 때를 얻든지 못 얻든지 전파되어야 할 소식입니다

복음이 나를 구원하고 나를 변화시킨 소식이라면 이 소식이 나에게만 머물러 있을 수는 없습니다. 복음이 필요한 사람들에게 이 복음을 전해야 합니다. 바울은 그의 마지막 편지의 대미를 비장하고 엄숙하게 권면합니다.

하나님 앞에서 엄히 명한다고 말합니다. '엄히 명한다'는 본래 법정 서약을 위해 쓰이는 말입니다. 바울은 사랑하는 제자에게 그의 마

지막 부탁을 하나님 앞에서 엄숙하게 서약함으로 이행해 달라고 호소하는 것입니다.

> 1 하나님 앞과 살아 있는 자와 죽은 자를 심판하실 그리스도 예수 앞에서 그가 나타나실 것과 그의 나라를 두고 엄히 명하노니 2 너는 말씀을 전파하라 때를 얻든지 못 얻든지 항상 힘쓰라 범사에 오래 참음과 가르침으로 경책하며 경계하며 권하라 (딤후 4:1-2)

여기서 '때를 얻든지 못 얻든지'라는 표현은 '항상'이라는 의미이기도 하지만 더 정확한 표현은 '모든 경우에'라는 뜻입니다. 상황이 유리하든 불리하든 이 복음은 반드시 전해져야 한다는 말입니다. 실제로 이 복음은 우리 선배들이 목숨 걸고 피를 흘리며 전한 까닭에 우리에게까지 전달된 복음이 아니었습니까? 그런데 이 복음이 나에게 와서 멈추어 버리는 비극을 상상해 보십시오.

바울 사도는 디모데에게 이렇게 전했습니다.

> 또 네가 많은 증인 앞에서 내게 들은 바를 충성된 사람들에게 부탁하라 그들이 또 다른 사람들을 가르칠 수 있으리라 (딤후 2:2)

이 말씀을 주의 깊게 보면 복음의 4세대가 등장합니다. 바울이 복음의 1세대라면 디모데는 2세대 그리고 충성된 사람들이 3세대 마지막으로 또 다른 사람들이 제4대가 될 것입니다.

복음의 강은 계속 흘러 이 땅을 적시고 목마른 모든 사람들에게 생수가 되어야 합니다. 그리고 이 강이 멈추지 않고 계속 흐르기 위해 복음의 역사의 강에는 수많은 믿음의 선진들의 피 흘림이 있었던 것을 잊지 말아야 합니다. 그들의 희생이 나의 축복이 된 것입니다.

이제 이 피 묻은 생명의 강이 내게 이르러 내가 예수를 믿고 새 생명, 새 소망을 얻고 새 인생을 살게 되었다면 여기서 복음의 강이 멈출 수 없지 않겠습니까? 그래서 때를 얻든지 못 얻든지 이 복음을 들고 국내외로 흩어져 갈 것입니다. 우리는 조금 불편하고 조금 고통당하고 조금 고생할 것입니다. 그러나 그때 기억하십시오. 우리의 희생은 우리 선진들의 희생의 한 조각에도 미치지 못한다는 것을!

AD 66년, 디모데에게 이 편지를 쓴 바울은 다음해인 AD 67년 로마 서문 밖 5킬로미터 지점 참수장에서 네로의 명으로 참수형을 당합니다. 교회 전승에 의하면 그의 잘려진 머리는 세 번이나 튀었는데 그 후 그 세 장소에서 샘물이 터져 나왔다고 합니다. 이 장소는 지금 '바울 순교 기념교회'로 불리지만 이 교회의 다른 별명은 '세 개의 샘'(Tre Fontana)이기도 합니다. 그가 죽음으로 전한 복음이 우리를 살리는 생명의 샘터가 된 것입니다. 바울은 이 죽음을 예견하며 이렇게 기록합니다.

전제(관제)와 같이 내가 벌써 부어지고 나의 떠날 시각이 가까웠도다 (딤후 4:6)

전제는 피를 상징하는 포도주를 제물 위에 부어 바치는 의식입니다. 우리의 섬김으로 이런 생명의 샘터를 만드는 역사가 일어나기를 기원합니다. 바울이 디모데에게 전한 복음, 이제 우리 이웃들에게 전할 때입니다.

디도서 1장 1-4절; 2장 11-14절

1 하나님의 종이요 예수 그리스도의 사도인 나 바울이 사도 된 것은 하나님이 택하신 자들의 믿음과 경건함에 속한 진리의 지식과 2 영생의 소망을 위함이라 이 영생은 거짓이 없으신 하나님이 영원 전부터 약속하신 것인데 3 자기 때에 자기의 말씀을 전도로 나타내셨으니 이 전도는 우리 구주 하나님이 명하신 대로 내게 맡기신 것이라 4 같은 믿음을 따라 나의 참 아들 된 디도에게 편지하노니 하나님 아버지와 그리스도 예수 우리 구주로부터 은혜와 평강이 네게 있을지어다

11 모든 사람에게 구원을 주시는 하나님의 은혜가 나타나 12 우리를 양육하시되 경건하지 않은 것과 이 세상 정욕을 다 버리고 신중함과 의로움과 경건함으로 이 세상에 살고 13 복스러운 소망과 우리의 크신 하나님 구주 예수 그리스도의 영광이 나타나심을 기다리게 하셨으니 14 그가 우리를 대신하여 자신을 주심은 모든 불법에서 우리를 속량하시고 우리를 깨끗하게 하사 선한 일을 열심히 하는 자기 백성이 되게 하려 하심이라

복음은 거짓된 세상에서도 진실의 궁극적 승리를 믿고 살게 하는 소식입니다

부모로서 자녀를 키우며 살아가는 동안 애태우는 순간 중에 하나는 자녀들이 군대 갈 때가 아닌가 합니다. 우리는 처음으로 자녀들의 편지를 기다리고 또 자녀들에게 편지를 쓰기도 합니다. 최근 군대 간 아들에게 한 아버지가 쓴 편지가 네티즌들의 소위 빵 터지는 호응을 모으고 있습니다.

사랑하는 아들 증훈에게

아빠 엄청 힘들다. 구미호 같은 니 엄마가 편지 안 쓴다고 난리, 난리쳐서 할 수 없이 몇 자 적는다. 너 엄마 성격 알지. 너 들어가고 나서 연병장이 떠나

가도록 대성통곡했다. 아빠 창피해 죽는 줄 알았다. 너 빨리 찾아내라고 아우성을 치는데 너 알다시피 다들 머리 빡빡 깎고 어느 놈이 아들인지 알 수가 있냐. 그래도 니 엄마 등쌀에 가만히 있을 수만은 없어 그 비 맞으며 너 찾느라 눈알 빠지는 줄 알았다. 결국 찾지도 못하고 못난 아빠에 못난 남편까지 되었구나.

아빠 엄청 힘들다. 집에 돌아오는 길에 니 엄마 달래려고 아빠가 몰래 모아 놓은 피 같은 돈으로 니 엄마 옷까지 사 주고서야 겨우 집에 들어갈 수 있었다. 너 군대에서 월급 받아서 다 갚아야 한다. 농담 아니다.

아빠 엄청 불쌍한 사람이다. 엄마가 너 낳고서 아빠는 완전 찬밥 신세 된 거 알 거다. 다른 사람은 안 그런다고 하는데 니 엄마는 안하무인이다. 너만 옆에 있으면 아빠는 안 보이나 보다. 그래서 하는 말인데 웬만하면 휴가도 나오지 말고 군대 말뚝 박아라. 요즘 군대 좋아져서 밥은 굶지 않는다고 하니 생각 잘 해 봐라.

아빠 걱정이다. 너 들어간 지 하루도 안 지나서 벌써 이러니 니 엄마도 같이 군대에 보낼 걸 잘못한 것 같다. 부대장님한테 여쭤 보고 힘 좋은 아줌마 필요하면 아빠한테 얘기하라고 니가 말해라. 이 아빠가 한 것 비하면 요즘 군대 생활 누워서 떡먹기다. 요령 피지 말고 멋진 남자가 되어서 나와라. 난 너가 부럽다. 그럼 고생해라. 끝.

제가 이런 아들에게 보내는 편지로 메시지의 화두를 연 이유는 디도서가 바로 바울 사도가 자기 아들같이 생각한 디도를 지중해의 험한 섬 그레데(Crete)에 사역자로 남겨 두며 쓴 편지이기 때문입니다. 4절을 보십시오. "같은 믿음을 따라 나의 참 아들 된 디도에게 편지하노니" 하고 이 편지를 시작합니다. 다음 말씀에는 그레데 섬 사람들의 삶의 모습이 담겨 있습니다.

> 그레데인 중의 어떤 선지자가 말하되 그레데인들은 항상 거짓말쟁이며 악한 짐승이며 배만 위하는 게으름뱅이라 하니 (딛 1:12)

그레데는 지중해 연안 그리스의 동남쪽 에게해 정남쪽에 위치한 섬으로 길이 257킬로미터, 폭이 56킬로미터에 달하는 비교적 큰 섬의 하나입니다. 과거 미노아 문명의 출생지여서 좋은 삶의 조건을 가지고 있었으나 여러 곳에서 유입되어 온 사람들이 섞여 살며 서로를 속이는 평판이 나쁜 섬이 되고 말았습니다. AD 62년경 바울이 로마의 감옥에서 일차 석방이 되었을 때 이곳에 이방인 출신 제자 디도와 함께 사역한 후 디도를 이곳의 사역자로 남겨 두면서 이런 악명 높은 사역지에서 바울은 그의 믿음의 아들 디도가 복음을 붙들고 복음을 전하며 살도록 권면하는 편지를 쓰는 것입니다. 그러면 바울이 아들 제자 디도에게 부탁한 복음의 본질은 무엇이었을까요?

복음은 우리가 택함 받은 자로
영생의 소망을 누리게 된 사건입니다

우리는 인생을 살아가면서 끊임없는 선택과 거절을 경험합니다. 특히 20세기 이후의 세상은 지금까지 인류가 살아온 어떤 시대보다도 민감한 경쟁 시대를 맞고 있습니다. 그 결과 어린 시절 유치원에서부터 당첨에 떨어지는 거절을 경험해야 합니다. 이 거절과 선택의 경험은 진학 단계마다 악몽처럼 우리를 기다립니다. 사회에 진출하면서는 주택에 대한 열망을 안고 아파트 청약에 신청했다가 당첨되기도 하고 떨어지기도 합니다. 좋은 직장의 열망을 안고 직장에 지원하여 선택되기도 하고 떨어지기도 합니다. 그리고 좋은 배우자의 소망을 안고 사랑하는 사람에게 프러포즈를 했다가 선택되기도 하고 거절당하기도 합니다.

아마도 우리 중에 많은 분들은 선택되기보다는 거절을 더 많이 경험했을 것입니다. 선택은 자긍심을 심어 주지만 거절의 경험은 열등감과 상처와 그에 따른 자괴감을 안겨 줍니다. 인생의 마당엔 이런 선택과 거절의 수많은 경험들이 교차하지만 중요한 것은 어떤 경험이 더 강한 동기로 우리를 지배하느냐는 것입니다.

유명한 스티브 잡스는 어릴 때부터 자신이 입양아라는 것을 알았습니다. 그리고 종종 그는 '버림당한 아이'라는 이 거절감과 싸워야만 했습니다. 그런데 어릴 적 자기 집 현관 앞에서 같이 놀던 이웃집 여자 아이가 툭내뱉었습니다.

"넌 네 부모가 버린 아이야."

잡스는 울면서 자기 집으로 들어갔습니다. 그때 그를 키우던 부모는 사정을 파악한 다음 진지하게 잡스의 눈을 쳐다보며 천천히 말했다고 합니다.

"스티브, 잊지 말아. 넌 우리가 많은 아이 중 아주 특별하게 선택한 소중한 아이야!"

이 한마디 말, '특별하게 선택한 아이'라는 울림이 그의 가슴에 새겨진 다음에 그는 다시 열등감과 싸울 필요가 없어졌다고 합니다. 그리스도인 중에도 인생의 거절감을 극복하지 못하고 사는 이들이 있습니다. 그때 우리가 확인해야 할 중요한 영적 사실이 있습니다. 무엇일까요?

우리는 하나님이 영원 전부터 선택하신 존재라는 사실입니다. 사도 바울은 앞으로 그레데 섬에서 하나님의 일을 감당해야 할 아들 디도에게 먼저 나와 너는 하나님의 택하신 자라고 말씀합니다.

1 하나님의 종이요 예수 그리스도의 사도인 나 바울이 사도 된 것은 하나님이 택하신 자들의 믿음과 경건함에 속한 진리의 지식과 2 영생의 소망을 위함이라 (딛 1:1-2)

그리고 그 선택의 결과로 우리는 영생의 소망을 누리게 되었고 이에 우리는 이 소망의 말씀을 전해야 한다고 말씀합니다. 이것이 바로 우리의 영적 정체성입니다. 사도 바울이 믿음의 아들 디도에게 전하는 복음은 바로 우리가 이렇게 전능하신 하나님에 의해 영원 전부터 선택된 자로 영생의 소망을 갖고 살게 되었다는 바로 그 사실에서 시작합니다.

복음은 우리가 경건한 인생으로
양육되어 성숙해 갈 수 있다는 사실입니다

복음의 핵심은 구원을 경험하는 것입니다. 달리 말하면 하나님의 은혜를 경험하는 것입니다.

너희는 그 은혜에 의하여 믿음으로 말미암아 구원을 받았으니 이것은 너희에게서 난 것이 아니요 하나님의 선물이라 (엡 2:8)

은혜는 받을 자격이 없는 자들에게 베풀어지는 사랑을 뜻합니다. 우리는 이런 하나님의 은혜로 구원을 받은 것입니다. 바울은 이 사건을 가리켜 "모든 사람에게 구원을 주시는 하나님의 은혜가 나타났다" (딛 2:11)고 말합니다. 그럼 이 은혜 이후의 우리가 기대할 수 있는 사건은 무엇일까요? 디도서 2장 답이 됩니다.

우리를 양육하시되 경건하지 않은 것과 이 세상 정욕을 다 버리고 신중함과 의로움과 경건함으로 이 세상에 살고 (12절)

여기 보면 경건이라는 단어가 반복됩니다. 첫 번째는 경건하지 않은 것을 강조하며 그것을 버려야 한다고 말합니다. 두 번째는 경건함으로 이 세상 한복판에서 살기를 선택해야 한다고 말합니다. 아무튼 핵심은 경건입니다.

경건이 무엇입니까? 경건을 영어로는 'godliness'라고 말합니다. 다른 말로 하면 '하나님 같은' 하나님을 닮은 품성 혹은 인격입니다. 복음은 복음을 받아들인 사람들이 하나님을 닮은 존재로 양육되어 갈 것을 기대한다는 말입니다.

문제는 그것이 가능할까요? 본문은 가능하다고 말합니다. 그렇다면 그것 또한 복음이 아니겠습니까? 본문 2장 11절의 주어는 '하나님의 은혜'입니다. 하나님의 은혜가 구원을 가져왔다는 것입니다. 그런데 2장 12절의 주어도 역시 '하나님의 은혜'입니다. 하나님의 은혜가 우리가 불경건한 것을 버리고 경건하게 살도록 도우십니다. 그러니까 우리의 양육 혹은 성숙도 하나님의 은혜입니다.

인간적으로 우리의 육체적 성숙도 상당 부분 우리를 양육하시는 부모의 은혜를 의지할 수밖에 없는 것처럼 우리의 영적 성숙도 우리를 양육하시는 하나님의 은혜를 의지할 수밖에 없습니다. 그렇다면 구원을 받을 때 우리가 한 일은 구원을 받아들인 것밖에 없었던 것처럼 우리의 양육을 위해서도 우리가 할 일은 성숙을 도우시는 하나님의 손길을 받아들이시기만 하면 됩니다. 우리의 영적 성숙은 우리가 애써 결단하고 결심해 그것을 실천한다고 해서 가능해지지 않습니다. 내가 성숙하기를 나보다 더 원하셔서 우리를 도우시는 그분의 은혜를 거절만 안 하면 됩니다.

주께서 성령으로 우리를 돕고자 하실 때 Yes하시면 됩니다. 그리고 성령께서 기뻐하지 않으시는 일에 No하시면 됩니다. 실제로 오늘 본문 12절을 NIV 성경은 'to say no to ungodliness'(경건치 않은 것에 no라고 말할 것)라고 번역합니다. 성화의 길, 양육의 길, 어렵게 생각하지 맙시다. Yes와 No만 잘하시면 됩니다. 복음은 우리가 하나님의 은혜로 경건한 인생으로 양육되어 갈 수 있다는 것입니다. 충분히 가능합니다. 그래서 복음입니다.

복음은 예수 다시 오심의 영광을
기다리며 살 수 있다는 것입니다

흔히 예수의 재림 하면 곧장 광신적 종말론과 인류의 파멸 같은 시나리오를 떠올립니다. 그러나 성경이 가르치는 진정한 종말론은 결코 비극적인 사건이 아닙니다. 오늘 본문에서 바울은 디도에게 그리스도의 다시 오심의 사건을 복스러운 소망이라고 가르칩니다.

> 복스러운 소망과 우리의 크신 하나님 구주 예수 그리스도의 영광이 나타
> 나심을 기다리게 하셨으니 (딛 2:13)

그렇습니다. 그리스도의 다시 오심은 적어도 그리스도인들에게는 복된 소망이며 영광스러운 사건이고 가슴 설레며 기다려야 할 사건입니다. 왜 그럴까요? 그날은 우리의 성숙이 완성되는 순간이며 인류 역사의 모든 불법한 것, 불의한 것, 부정한 더러운 것들이 사라지고 하나님의 온전한 나라가 이루어지는 순간이기 때문입니다. 그렇다면 우리는 어떻게 그분의 다시 오심을 기다려야 할까요? 모든 세상 일을 접고, 가정과 직장을 등지고 기도원에 가서 기도해야 할까요? 그렇지 않습니다.

> 그가 우리를 대신하여 자신을 주심은 모든 불법에서 우리를 속량하시고
> 우리를 깨끗하게 하사 선한 일을 열심히 하는 자기 백성(친 백성)이 되게
> 하려 하심이라 (딛 2:14)

그가 오실 때까지 선한 일을 열심히 하면 됩니다. 그것이 바로 하나님 나라의 완성을 이 땅에 이루는 길이라고 가르칩니다. 불법한 세

상에서 하나님의 법을 따라 살고, 악한 세상에서 선한 일에 몰두하면 됩니다. 거창한 큰 일이 아니라, 날마다 그렇게 일상의 삶을 진실하게 대면하는 것을 의미합니다.

이미 1장에서 경고한 것처럼 당시 그레데 섬의 라이프 스타일은 거짓과 악에 물들어 있었습니다. 하지만 그런 현실 속에서도 성도의 삶은 달라야 합니다. 그것이 바로 세상을 변화시키고 주님의 재림을 준비하는 성도의 삶의 모습입니다. 그것이 바울이 디도에게 기대한 복음적 삶의 모습이었고, 그 결과 그레데 섬의 복음화가 이루어졌습니다. 덕분에 지금 우리는 이 섬에서 바울이나 디도를 기념하는 교회들을 만날 수 있습니다.

매해 8월, 신문에 일본 지도자들의 신사참배가 보도되면 늘 가나안농군학교의 김용기 장로님 이야기가 생각납니다. 일제 식민지 시절 신사참배를 강요당할 때, 장로님은 이 참배를 거절함으로 많은 어려움을 당했습니다. 한번은 일본인 고등계 주임에게 끌려가 고문을 당한 다음 다른 한국인은 다 하는데 너만 안 하는 이유가 무엇이냐는 질문을 받습니다. 그는 공손히 물었습니다.

"제가 솔직하게 대답해도 될까요?"

"그래 말해 보라."

"다른 사람들은 다 한다고 하셨지만 그것은 억지로 하는 것에 불과합니다. 살기 위해서이지요. 그러나 억지로 거짓 되게 참배하는 것이라면 차라리 안 하는 것이 낫지 않겠습니까? 많은 이들이 겉으로는 절하고 묵념하면서도 속으로는 천황 폐하를 욕할 것입니다. 난 그렇게는 못합니다. 그런 거짓은 천황 폐하뿐만 아니라, 내가 믿는 하나님을 욕되게 하는 일이기 때문입니다."

"그건 네 말이 옳다. 그런 국민의례는 안 하는 것이 낫겠지."

그렇게 말하고 돌아가서 다시는 김 장로님과 그의 공동체에는 참배 강요를 하지 않았다고 합니다. 이 작은 에피소드가 전해 주는 진실의 승리야말로 복음의 승리가 아니겠습니까? 바울이 디도에게 전한 복음은 주님이 주시는 진실과 선함의 승리를 믿는 바로 그런 삶의 열매입니다.

빌레몬서 1장 1-3절

¹ 그리스도 예수를 위하여 갇힌 자 된 바울과 및 형제 디모데는 우리의 사랑을 받는
자요 동역자인 빌레몬과 ² 자매 압비아와 우리와 함께 병사 된 아킵보와 네 집에 있
는 교회에 편지하노니 ³ 하나님 우리 아버지와 주 예수 그리스도로부터 은혜와 평강
이 너희에게 있을지어다

chapter 15 빌레몬에게 전해진 복음

복음은 상처 받은
가정과 세상을 치료할 희망입니다

인터넷 유머에 '무서운 가족 손님'이라는 사진이 올라온 것을 보았습니다. 한 사진관에 아빠, 엄마, 그리고 아들이 와서 사진을 찍는데 티셔츠 후면 등에 쓰인 글자가 인상적입니다. 아빠 티셔츠 등에는 "아내 말을 잘 듣자", 엄마 티셔츠 등에는 "주는 대로 먹어라", 아들 티셔츠 등에는 "나도 언젠간 쓸모가 있겠지"라고 쓰여 있었습니다.

우리 시대의 가족상을 풍자하는 유머로 느껴졌습니다. "아내 말을 잘 듣자"라는 구호에서 무력한 우리 시대의 남편 상을, "주는 대로 먹어라"는 구호에서 협박성 막장 아내 상을, "나도 언젠간 쓸모가 있겠지"에서는 어딘지 모르게 불안한 미래를 상징하는 다음 세대의 불확실한 자아상을 읽는 듯했습니다.

우리가 사는 이 세상을 포스트 모던 시대라고 부릅니다. 이 시대의 두드러진 특성의 하나는 파괴와 해체입니다. 과거에 우리가 굳건하게 붙들고 살던 많은 전통적 가치와 공동체가 해체되고 있습니다. 그중 하나가 가족의 해체입니다. 이런 시대를 향해 기독교의 메시지가 과연 복음이 될 수 있을까요? 우리 시대를 향한 그런 복음의 증거를 신약성경의 짤막한 단 한 장으로 된 책 빌레몬서를 통해 찾아볼 수 있습니다.

1세기의 소아시아 골로새 지방에 살던 매우 부요하고 유력한 인사였던 빌레몬, 그는 바울 사도의 전도를 받고 그리스도인이 된 사람임에 틀림없어 보입니다. 본문은 그의 종 가운데 한 사람인 오네시모를 바울이 주인 된 빌레몬에게 돌려보내며 그에 대해 부탁하는 개인적인 서신서입니다. 빌레몬에게 보내진 이 편지를 통해 우리 시대가 목마르게 기다리는 복음의 진수를 접할 수 있습니다. 빌레몬에게 전해진 복음의 진수, 도대체 무엇이었을까요?

복음은 우리 집이 교회가 될 수 있다는 사실입니다

바울은 갇힌 자가 되어 로마의 옥중에서 빌레몬에게 이 편지를 보냈습니다.

그리스도 예수를 위하여 갇힌 자 된 바울과 및 형제 디모데는 우리의 사랑을 받는 자요 동역자인 빌레몬과 자매 압비아와 우리와 함께 병사 된 아킵보와 네 집에 있는 교회에 편지하노니 (몬 1:1–2)

'네 집에 있는 교회'라는 표현을 보건대 빌레몬의 집에서 교회가 모이고 있었습니다. 이 교회가 아마도 골로새교회였을 것입니다. 그리고 이 교회의 최초 교인들은 빌레몬의 가족이었겠지요. 바울은 이 본문에서 빌레몬을 우리의 사랑받는 자요 동역자라고 말합니다. 그는 여러 종들을 소유한 것으로 미루어 상당한 재력이 있는 부요한 사람이었을 것입니다. 그리고 19절에 너도 내게 빚진 것이 있다고 언급한 것으로 미루어 그는 바울에게 복음을 전해 듣고 그리스도인이 된 사람으로 보입니다.

그 후 그는 자신의 재력으로 사도들의 선교 사역을 적극적으로 지원함으로써 사랑받는 동역자 반열에 설 수 있었던 것으로 보입니다. 압비아는 아마도 빌레몬의 아내였을 것입니다. 바울은 그녀를 '자매'라고 다정하게 표현합니다. 아킵보는 빌레몬의 아들이었을 가능성이 많다고 성경학자들은 추정합니다. 그런데 그에게는 '병사' 혹은 '군사'라는 별명이 따라붙습니다. 바울은 그에게 "아킵보에게 이르기를 주 안에서 받은 직분을 삼가 이루라고 하라"(골 4:17)고 권면합니다. 그는 이 가정 교회에서 매우 중요한 직분을 수행하고 있었음을 알 수 있습니다. 그가 복음 사역에 얼마나 헌신적이었는가를 짐작하게 하는 대목입니다.

여기 이상적인 초대 그리스도인의 한 가정을 엿볼 수 있습니다. 자신의 집을 열어 교회로 모이게 하고, 아내와 아들 온 식구가 복음을 위해 살고 있었던 이 가정의 모습이야말로 복음으로 변화된 성도의 가정의 표본이 아니겠습니까? 우리 시대에 유행하는 가정 사역의 구호 중에 "가정을 교회처럼 교회를 가정처럼"이라는 표현을 기억합니다. 빌레몬의 가정이야말로 이 표현에 합당한 대표적인 가정입니다.

많은 가정들이 붕괴되는 이 시대에서 복음의 등대로 우뚝 선 가정들이야말로 세상 바다의 소망, 세상 바다의 빛이 아니겠습니까. 예수 그리스도의 복음이 우리 가정을 그런 세상의 소망인 작은 교회가 되게 합니다. 생각해 보십시오. 복음을 받은 후 아버지는 우리 집의 목사님, 어머니는 부목사님, 자녀들은 장로님이 되고 집사님이 되어 하나님의 뜻을 이루어 가는 모습을! 복음은 지금도 우리 집을 이런 교회가 되게 할 수 있습니다.

복음은 신분을 넘어 가족이 될 수 있다는 사실입니다

현재 우리는 지금까지 한 번도 경험해 보지 못한 가정들을 접하고 있습니다. 싱글맘, 싱글 대디가 자녀와 함께 사는 홀부모 가정, 소위 더블 인컴을 벌어들이면서 자녀를 낳지 않는 딩크족(DINK: Double Income No Kids), 자녀 대신 애완동물을 키우는 딩크펫족, 부모님 없이 조부모와 함께 사는 조손족, 다문화족, 나홀로 세대족(최근 우리 사회에서 급증하는 형태), 그리고 우리가 동의하지 않지만 동성가족도 이 세대의 경향이 되어 가고 있습니다.

그러면 이런 세대에서 우리는 더 이상 성경적인 가정에 대한 우리의 기대를 접어야 하는 것일까요? 그렇지는 않습니다. 가족 연구가들은 가족 해체와 함께 우리 시대인들이 대안 가족, 대안 가정을 찾고 있다고 말합니다. 소위 '확장된 가족'(extended family)에 대한 갈망이라고 할 수 있습니다. 여기 교회의 새 역할이 있습니다. 바로 교회가 그 대안 가정이 되어 주어야 한다는 것입니다.

그러기 위해서는 사람을 편견으로 대하는 안목에서 해방되어 신분을 초월할 수 있는 새 가족관을 가져야 합니다. 바울 사도는 복음만이 그런 가족관을 우리에게 심어 줄 수 있다고 말합니다. 서론에서 언급한 것처럼 바울이 빌레몬서라는 편지를 쓰게 된 계기가 빌레몬의 종이었던 오네시모라는 사람 때문이었습니다.

그는 아마도 어느 날 주인 빌레몬에게 중대한 재산상의 손실을 입히고 주인을 떠나 로마로 도망쳐 온 것으로 보입니다. 그런데 이 로마의 감옥에서 오네시모는 바울을 만나 참된 그리스도인으로 회심한 듯 보입니다. 이에 바울은 오네시모를 '갇힌 중에서 낳은 아들)'(영적 아들. 10절) 이라고 말합니다. 그리고 빌레몬에게 그를 돌려보내거든 그를 종이 아닌 형제로 영접해 달라고 부탁합니다.

> 이후로는 종과 같이 대하지 아니하고 종 이상으로 곧 사랑 받는 형제로 둘
> 자라 내게 특별히 그러하거든 하물며 육신과 주 안에서 상관된 네게랴 (몬
> 1:16)

과거 실제로 노예가 통용되던 시절 그 노예가 예수님을 주님으로 영접하면 그는 하나님을 아버지로 부릅니다. 그렇다면 동일한 하나님을 아버지로 부르는 그와 형제가 되는 것이 아니겠습니까? 이것이 바로 복음의 능력입니다.

> 너희는 유대인이나 헬라인이나 종이나 자유인이나 남자나 여자나 다 그리
> 스도 예수 안에서 하나이니라 (갈 3:28)

이것이 복음의 능력입니다. 복음은 신분을 초월해 예수 안에 있는 모든 사람을 한 가족이 되게 합니다.

복음은 용서를 통해 가족이 될 수 있다는 사실입니다

오늘날 가족이 해체되고 가정이 파괴되는 가장 큰 원인이 무엇일 까요? 수없이 다양한 원인들이 있지만 무엇보다 중요한 원인은 용 서하지 못해서입니다. 우리 시대의 탁월한 설교가 존 오트버그(John Ortberg)는 포스트모던 시대를 살아가는 사람들의 인간관계를 고슴도 치에 비유했습니다.

고슴도치는 고독한 동물입니다. 주로 많은 시간을 홀로 다닙니다. 그러나 고슴도치도 고독을 느끼는 계절이 오면 다른 고슴도치에게 접근합니다. 그 순간 자신도 예상치 못한 사고가 발생합니다. 상대에 게 상처를 입히고 자신도 상처를 입습니다. 자신의 등에 짊어지고 다 니는 수많은 바늘로 서로를 찌르는 상처를 주고받는 것입니다.

이런 우리가 가족으로 서로 머물 수 있는 유일한 길은 용서의 실천 뿐입니다. 예수님이 십자가의 상처를 입고 죽어 가시면서 마지막으 로 남기신 기도의 모범이 바로 용서가 아니었습니까?

아버지 저들을 사하여 주옵소서 자기들이 하는 것을 알지 못함이니이다
(눅 23:34)

혈연관계를 넘어선 영적인 가족이 된 교회가 주님의 몸으로 머물 기 위해서도 우리가 끊임없이 실천해야 할 교훈이 바로 용서입니다.

빌레몬서 속 주인공의 하나인 빌레몬의 노예 오네시모는 주인 빌레몬에게 재산상의 막대한 피해를 입혔던 것으로 보입니다. 당시 그런 노예는 주인에게 붙들리면 용서 없는 사형으로 다스려지곤 했습니다. 그런데 바울은 빌레몬에게 부탁합니다.

그가 만일 네게 불의를 하였거나 네게 빚진 것이 있으면 그것을 내 앞으로 계산하라 (몬 1:18)

내가 대신 책임지고 해결하겠다는 것입니다. 이것이 바로 십자가 복음의 핵심입니다. 예수께서 저와 여러분의 죄의 빚을 대신 짊어지신 대속의 은총으로 말미암아 우리가 용서받고 지금 여기에서 오늘을 살고 있는 것이 아닌가요? 복음은 용서함으로 우리가 진정한 가족이 될 수 있고, 또한 진정한 가족으로 머물 수 있다는 것을 보여 줍니다. 우리가 참으로 사랑하는 가족으로 머물기 위해서는 날마다 일용할 양식을 취하듯 용서를 실천해야 합니다. 부모는 자식을 용서하고 자식은 부모를 용서하고 부부는 내게 상처를 입히는 배우자를 용서하고, 그것이 바로 주기도문의 레슨이 아닙니까?

11 오늘 우리에게 일용할 양식을 주시옵고 12 우리가 우리에게 죄 지은 자를 사하여 준 것같이 우리 죄를 사하여 주시옵고 (마 6:11-12)

일용할 양식 이상으로 중요한 것이 일용할 용서입니다

얼마 전 종영한 MBC 드라마 〈금나와라 뚝딱〉도 용서가 실천되는 순간 모든 것이 해피엔딩으로 변하지 않았습니까? 중산층 인생들의 허세와 실상, 신분 상승에 대한 끈끈한 욕구로 어두운 질곡을 헤매던 주인공들의 삶의 마당이 용서와 함께 일시에 모두 변했습니다. 인생은 그렇게 쉽게 변하지 않는다고 이 드라마를 비판할 사람도 많을 것입니다. 실제로 많은 이들이 그렇게 이 드라마를 비판했습니다. 그렇습니다. 사실 인생은 그렇게 쉽게 변하지 않습니다. 그러나 참된 용서의 복음이 마음에 심어지면 상황은 달라집니다. 그것이 복음의 능력입니다. 이 복음의 능력을 경험한 사람들이라면 이 드라마의 해피엔딩은 우리의 미래가 될 수 있습니다. 그리고 이 드라마의 주제가처럼 우리도 이렇게 노래하며 고백할 수 있습니다.

감사해 세상의 모든 것들이

너를 만나 이렇게 변해 버렸어

땅만 보며 걷던 내가 변했어

하늘은 이렇게 아름답구나

안녕 내 눈물아 거친 세상아

너를 만나 행복을 알게 되었다

Thank you 내 사랑아

상처투성이 안아 줘서 고맙다

안녕 내 눈물아 거친 세상아

세상은 당신이 정죄하지 않고 당신이 비판하지 않아도 이미 너무 아프고 너무 슬픈 상처투성이 인생들로 넘쳐납니다. 그들에게 율법이 아닌 복음을 들려주십시오. 빌레몬에게 들려진 그 복음, 오네시모에게 들려진 그 복음을 들려주십시오. 그들이 이 복음을 받는다면 그들이 비록 지난날 내 가슴에 깊고도 예리한 상처를 남긴 정말이지 다시 보고 싶지 않았던 사람들일지라도 우리는 그들을 향해 다음과 같이 고백할 것입니다.

11 그가 전에는 네게(우리에게) 무익하였으나 이제는 나와 네게 유익하므로 12 네게(당신에게) 그를 돌려보내노니 그는 내 심복이라(my very heart) (몬 1:11–12)

빌레몬과 오네시모에게 전해진 이 복음만이 오늘의 상처받은 우리 가정을 치유하고 상처받은 오늘의 교회를 치유하는 희망입니다. 지금은 우리가 다시 그 복음을 들어야 할 때입니다. 그리고 우리가 우리 가정이 우리 교회가 다시 이 복음 앞에 응답할 때입니다.

복음은 신분을 초월해
예수 안에 있는 모든 사람을
한 가족이 되게 합니다

히브리서 1장 1–8절

¹옛적에 선지자들을 통하여 여러 부분과 여러 모양으로 우리 조상들에게 말씀하신 하나님이 ²이 모든 날 마지막에는 아들을 통하여 우리에게 말씀하셨으니 이 아들을 만유의 상속자로 세우시고 또 그로 말미암아 모든 세계를 지으셨느니라 ³이는 하나님의 영광의 광채시요 그 본체의 형상이시라 그의 능력의 말씀으로 만물을 붙드시며 죄를 정결하게 하는 일을 하시고 높은 곳에 계신 지극히 크신 이의 우편에 앉으셨느니라 ⁴그가 천사보다 훨씬 뛰어남은 그들보다 더욱 아름다운 이름을 기업으로 얻으심이니 ⁵하나님께서 어느 때에 천사 중 누구에게 너는 내 아들이라 오늘 내가 너를 낳았다 하셨으며 또 다시 나는 그에게 아버지가 되고 그는 내게 아들이 되리라 하셨느냐 ⁶또 그가 맏아들을 이끌어 세상에 다시 들어오게 하실 때에 하나님의 모든 천사들은 그에게 경배할지어다 말씀하시며 ⁷또 천사들에 관하여는 그는 그의 천사들을 바람으로, 그의 사역자들을 불꽃으로 삼으시느니라 하셨으되 ⁸아들에 관하여는 하나님이여 주의 보좌는 영영하며 주의 나라의 규는 공평한 규이니이다

복음은 그 무엇과도 비교될 수 없는 최선, 최상의 소식입니다

어느 영어 교실에서 선생님이 늘 장난치는 학생에게 물었다고 합니다.

"영어 good이라는 단어의 비교급과 최상급이 무엇이니?"

"쉬운 질문이네요. good-better-best가 아닙니까?"

"다행히 알고 있구나. 그럼 spell을 말할 수 있겠니?"

"그것도 쉽지요. spell-speller-spellest."

오늘 우리가 생각하려고 하는 히브리서를 이해하는 키워드가 있다면 영어의 비교급 'better'(더 좋은) 혹은 'superior'(뛰어난)라고 할 수 있습니다.

'천사보다 뛰어나신 이'(superior, 1:4), '더 좋은 소망'(a better hope, 7:19), '더 좋은 언약'(a better covenant, 7:22), '더 좋은 약속'(better promises, 8:6), '더 좋은 제물'(better sacrifices, 9:23), '더 낫고 영구한 산업'(better and lasting possessions, 10:34), '더 나은 본향'(a better country, 11:16), '더 좋은 부활'(a better resurrection, 11:35), '더 좋은 것'(something better, 11:40)은 모두 히브리서 본문에 나오는 표현입니다.

히브리서를 읽다 보면 구약 레위기를 읽는 듯한 착각이 듭니다. 그래서 히브리서의 별명이 신약의 레위기서입니다. 히브리서는 구약 즉 옛 언약과 새 언약을 비교하며 예수님께서 얼마나 비교할 수 없이 좋으신 분, 아니 최상의 구주이신가라는 복음을 증언하는 것이 그 기록의 목적입니다. 그렇다면 이 히브리서 기자가 증언한 복음의 실체는 무엇일까요?

복음은 예수가 선지자보다 뛰어나신
하나님의 아들이라는 사실입니다

구약에서 가장 존경받는 사람들이 있었다면 그들은 선지자들입니다. 그들은 하나님의 음성을 듣고 그 음성을 백성들에게 들려주었습니다. 그러나 구약시대에는 종종 오늘날의 성직자들이 그런 것처럼 이런 특권을 남용해 거짓된 음성을 들려주고 백성들을 오도하는 거짓 선지자들이 적지 않았습니다. 그래서 백성들은 진정한 하나님의 음성을 들려주고 그들을 구원의 길로 인도할 수 있는, 하나님이 직접 기름 부어 보내 주실 참된 선지자 하나님의 아들을 기다렸습니다. 그런데 복음은 그 선지자가 마침내 오셨다는 것입니다.

₁옛적에 선지자들을 통하여 여러 부분과 여러 모양으로 우리 조상들에게 말씀하신 하나님이 ₂이 모든 날 마지막에는 아들을 통하여 우리에게 말씀하셨으니 이 아들을 만유의 상속자로 세우시고 또 그로 말미암아 모든 세계를 지으셨느니라 (히 1:1–2)

구약의 가장 위대한 선지자는 모세였습니다. 그러나 그 모세조차도 그분을 증거하는 종에 불과했다고 히브리서 기자는 증언합니다.

₅또한 모세는 장래에 말할 것을 증언하기 위하여 하나님의 온 집에서 종으로서 신실하였고 ₆그리스도는 하나님의 집을 맡은 아들로서 그와 같이 하셨으니 우리가 소망의 확신과 자랑을 끝까지 굳게 잡고 있으면 우리는 그의 집이라 (히 3:5–6)

예수 그리스도, 그는 마지막 선지자로 선지 사역을 완성할 하나님의 아들로 이 땅에 오신 분입니다. 그가 바로 진리이시며 우리가 알아야 할 모든 것이 되신 분입니다. 그가 바로 복음이십니다.

복음은 예수가 천사보다 뛰어나신
하나님의 아들이라는 사실입니다

구약에서 시작해 중세기에 이르도록 믿음이 깊은 사람들의 최고 최대 관심은 천사와의 교감이었습니다. 시인들은 천사에 대한 시를 썼고 미술가들은 기도하며 천사를 그렸고 음악가들은 천사를 노래했습니다. 그래서 천사 숭배가 일어나기도 했습니다. 소위 문예부흥 시대까지만 해도 그것이 대세였습니다. 그런데 히브리서 기자는 하나님의 아들이신 예수는 천사보다 뛰어나신 분이라고 증거합니다.

저가 천사보다 얼마큼 뛰어남은 저희보다 더욱 아름다운 이름을 기업으로 얻으심이라 (4절)

6절은 그가 세상에 오실 때 천사들이 그를 경배했다고 증거합니다. 7절은 예수는 천사들을 그의 사역자로, 심부름꾼으로 부리시는 분이라고 증거합니다. 왜냐하면 그가 하나님이시기 때문입니다.

아들에 관하여는 하나님이여 주의 보좌는 영영하며 주의 나라의 규는 공

평한 규이니이다 (히 1:8)

그러므로 예수를 만난 자들은 천사를 동경할 필요가 없습니다. 아
니 예수를 만난 자는 천사를 부리며 사는 자가 된다고 말씀하십니다.

모든 천사들은 섬기는 영으로서 구원 받을 상속자들을 위하여 섬기라고
보내심이 아니냐 (히 1:14)

여기 예수 믿는 자의 놀라운 특권을 보십시오. 보디가드를 동원하
고 다니는 연예인들이나 권세자들을 부러워하신 일이 있으십니까?
그런데 예수 믿고 구원받은 성도들의 평생에 천사들이 우리를 옹위
하며 섬긴다는 사실을 아십니까? 천사의 임무는 하나님의 아들이신
예수를 수종 들던 것처럼 예수 믿고 하나님의 자녀 된 모든 하나님의
아들들을 섬기는 것이기 때문입니다.

복음은 예수가 모든 제사장보다
뛰어나신 큰 대제사장이라는 사실입니다
지금까지 살펴본 복음이신 예수는 누구이십니까? 앞서 이야기한
그 무엇보다 더 좋으신 better로 증언되신 분입니다. 그는 선지자보

다 뛰어나시고 천사보다 뛰어나시고 더 좋은 소망, 더 좋은 약속을 하시는 분, 그분 자신이 더 좋은 제물이 되심으로 우리에게 더 나은 본향, 더 낫고 영구한 산업을 보증하시고 더 좋은 부활의 보증이 되신 분입니다.

그러나 그분의 존재는 better로 머물 수 없는 분이십니다. 그는 best이십니다. 히브리서에는 best 대신 위대한 혹은 큰 영어로 great 라는 단어로 표기되는 분이십니다. 큰 구원(great salvation, 2:3)을 약속하신 분, 큰 대제사장 되신 분(a great high priest, 4:14), 크고 온전한 장막이 되어 주신 분(the greater and more perfect tabernacle, 9:11), 고난의 큰 싸움을 참으신 분(10:32), 큰 상을 약속하신 분(10:35), 허다한 증인들(a great cloud of witness, 12:1)과 우리를 지켜보시는 분, 양의 큰 (위대한) 목자(that great shepherd of the sheep, 13:20)이십니다. 일곱 번이나 위대한 분으로 증거되어 있습니다. 가장 주목할 만한 그의 역할은 그가 바로 큰 대제사장이라는 사실입니다. 히브리서에는 그의 역할을 구약의 제사장과 비교하는 여러 증언들이 있습니다.

11 제사장마다 매일 서서 섬기며 자주 같은 제사를 드리되 이 제사는 언제나 죄를 없게 하지 못하거니와 12 오직 그리스도는 죄를 위하여 한 영원한 제사를 드리시고 하나님 우편에 앉으사 (히 10:11-12)

구약의 제사는 일시적인 속죄 역할밖에 할 수 없었으나 그리스도는 십자가 사역으로 자신의 몸을 영원한 제물로 드려 영원한 속죄를 이루셨습니다.

죄를 정결하게 하는 일을 하시고 높은 곳에 계신 지극히 크신 이의 우편에 앉으셨느니라 (히 1:13)

그러나 복음은, 그분은 오늘도 이 위엄의 보좌에서 우리를 돕고 계신다는 사실입니다.

14 그러므로 우리에게 큰 대제사장이 계시니 승천하신 이 곧 하나님의 아들 예수시라 우리가 믿는 도리를 굳게 잡을지어다 15 우리에게 있는 대제사장은 우리의 연약함을 동정하지 못하실 이가 아니요 모든 일에 우리와 똑같이 시험을 받으신 이로되 죄는 없으시니라 16 그러므로 우리는 긍휼하심을 받고 때를 따라 돕는 은혜를 얻기 위하여 은혜의 보좌 앞에 담대히 나아갈 것이니라 (히 4:14-16)

이 큰 대제사장 예수께서 우리와 함께 계셔서 우리를 돕는다는 것, 이것이 정녕 오늘을 사는 우리에게도 복음이 아닌가요?

이번 장의 화두를 better라는 비교급으로 시작했습니다. 최근 건강을 위해 산을 타는 사람들이 많아지면서 이런 유머가 유행한다고 합니다. 제목은 '산이 마누라보다 좋은 이유'입니다.

1. 산은 언제나 나를 반겨 주고 안아 준다.

   그러나 마누라는 안아 주고 싶을 때만 안아 준다.

2. 산은 내가 바빠서 찾아 주지 않아도 아무 말 없이 나를 기다려 준다.

   그러나 마누라는 내가 야근만 해도 전화통이 불난다.

3. 산은 사계절 새 옷을 갈아입고 새로운 모습으로 나를 기다린다.

   그러나 마누라는 사계절 몸뻬 입고 나를 기다린다.

4. 산은 나에게 아무것도 바라지 않는다.

   그러나 마누라는 내가 만능 맥가이버가 되길 바란다.

5. 산은 10년이 흘러도 제자리에 있다.

   그러나 마누라는 오늘도 어디로 튈지 모른다.

6. 산은 꾸미지 않아도 예쁘다. 그러나 마누라는 화장 안 하면 무섭다.

7. 산은 바람 소리 물소리 새소리 등 자연의 노래가 있다.

   그러나 마누라는 마냥 잔소리와 바가지만 늘어놓는다.

8. 산에는 맑은 공기와 흙 냄새, 초목 향기가 있다.

   그러나 마누라의 향기는 외출용이 된 지 오래다.

9. 산과는 말없이 조용히 대화한다.

   그러나 마누라와의 대화는 입씨름의 전조다.

10. 산과의 사랑은 땀과 함께 건강을 지켜 준다.

그러나 마누라와의 사랑은 엄청난 고문이다.

그러나 내가 산하고 안 살고 마누라하고 사는 이유가 있다.

산은 내게 밥을 해 주지 않는다.

그러나 저는 산보다도 마누라보다도 예수님이 더 좋습니다. 예수님이 이 모든 것보다 더 좋은 이유는 그가 바로 산을 만드시고, 저와 마누라를 부부로 만나게 하시고 사랑하게 하신 분이기 때문입니다. 제가 그 무엇보다 예수님이 좋은 이유, 그가 바로 우리를 구원하실 뿐만 아니라, 우리를 돌보시고 그리고 우리 가족의 주인이 되시고 우리 모두의 영원한 사랑이 되어 주셨기 때문입니다.

2013년 4월 16일, 미국의 존경받던 복음 성가 가수 조지 베벌리 쉐아(George Beverly Shea) 옹이 104세를 일기로 하나님의 부름을 받았습니다. 그리고 그는 빌리 그레이엄 목사의 부인이 잠든 노스캐롤라이나 빌리 그레이엄 기념 도서관 내에 묻혔습니다. 그의 평생의 믿음의 고백은 그가 작곡하고 부른 복음성가의 가사처럼 〈주 예수보다도 더 귀한 것은 없네〉였습니다.

캐나다 출신의 젊은 음악도였던 그는 23세 되던 해 NY city 음악 오디션에서 합격하고 라디오 전속가수로 채용되었습니다. 그때 그는 한 가지 조건을 제시했습니다. 찬송을 불러도 되느냐였지요. 방송국에서는 합의된 노래만 부를 수 있다고 대답했다고 합니다. 집에 돌아온 그는 고민하다 어머니와 의논했습니다. 어머니는 기도로 응답을 받자고 말했다고 합니다. 며칠 후 자기 피아노에 앉았는데, 피아노 건반 앞에 낯선 시 한 편이 놓여 있었습니다. 어머니가 아들이 읽기를 희망하며 갖다 놓은 밀러(Rhea F. Miller) 부인의 시였습니다. 그 시를 읽는 순간 조지는 눈물을 흘리며 건반을 두드리기 시작했습니다. 인류 역사상 불멸의 찬송가가 태어나는 순간이었습니다.

주 예수보다 더 귀한 것은 없네
이 세상 부귀로 바꿀 수 없네
영 죽을 내 대신 돌아가신
그 놀라운 사랑 잊지 못해
세상 즐거움 다 버리고 세상 자랑 다 버렸네
주 예수 보다 더 귀한 것은 없네 예수밖에는 없네

그는 그 방송국 계약을 거절하기로 결심하고 다음 주일 그들이 나가는 교회에서 이 새 노래를 처음으로 부릅니다. 얼마 후 그는 성가를 마음껏 부를 수 있는 조건으로 시카고 방송국과 전속 계약을 체결합니다. 그리고 그 방송국에서 자기보다 열 살 아래 젊은 전도자를 만나 전도 집회에서 노래를 시작합니다. 그 전도자가 바로 빌리 그레이엄이었습니다. 그 후 그는 빌리 그레이엄과 전 세계를 다니며 인류 역사상 가장 많은 사람 앞에서 노래한 가수로 기네스북에 기재되었고 10차례에 걸친 그래미 음악상을 수상했습니다. 2011년 102살의 나이로 다시 음악상을 수상하는 자리에서 운집한 사람들의 기립박수를 받으며 단상에 오른 그의 수상 소감은 "여러분의 박수보다도 내게는 예수가 더 좋습니다"였습니다.

"I'd rather have Jesus."

그 무엇과 바꿀 수 없는 분, 그 누구와도 바꿀 수 없는 분, 바로 그 예수가 복음이십니다. 바로 그 예수가 히브리서 기자가 전한 복음, 우리가 붙들고 살아야 할 복음입니다.

야고보서 1장 1–4절; 2장 22절

¹ 하나님과 주 예수 그리스도의 종 야고보는 흩어져 있는 열두 지파에게 문안하노라
² 내 형제들아 너희가 여러 가지 시험을 당하거든 온전히 기쁘게 여기라 ³ 이는 너희
믿음의 시련이 인내를 만들어 내는 줄 너희가 앎이라 ⁴ 인내를 온전히 이루라 이는
너희로 온전하고 구비하여 조금도 부족함이 없게 하려 함이라

²² 네가 보거니와 믿음이 그의 행함과 함께 일하고 행함으로 믿음이 온전하게 되었
느니라

복음은 복음을 받아들인 사람들에게
복음적 삶의 실천을 요구합니다

어느 영어 유치원에서 선생님이 아이들에게 두 손을 쫙 펴고 묻습니다.

"이것을 영어로 뭐라고 하지요? "

아이들이 일제히 대답합니다.

"핑거요!"

다시 두 손을 주먹 모양으로 오므리고 물었습니다.

"이것은 뭐라고 해요?"

아이들이 또 대답합니다.

"안 핀 거요."

이런 특성은 아이들의 타고난 영리함이라고 할 수 있습니다. 목사 요 유치원 교사였던 로버트 풀검(Robert Fulghum)은 《내가 정말 알아야 할 모든 것은 유치원에서 배웠다》라는 베스트셀러를 썼습니다. "지혜는 대학원이라는 산꼭대기에 있는 것이 아니라, 유치원의 모래성에 있다"고 그는 말합니다. 인생이 실패하는 것은, 유치원에서 배운 단순한 진리를 실천에 옮기지 못하기 때문이라고 그는 지적합니다. 사실 인생의 성숙이란 유치원에서 배운 삶의 기본을 적용함으로 이루어지는 것이라고 할 만합니다.

야고보서라는 편지의 수신인은 '흩어져 있는 열두 지파'(1:1)였습니다. 초대교회는 탄생한 지 얼마 안 돼 시련을 만나 흩어지기 시작했습니다.

그날에 예루살렘에 있는 교회에 큰 박해가 있어 사도 외에는 다 유대와 사마리아 모든 땅으로 흩어지니라 (행 8:1)

거기다가 그들이 소중히 여기던 지도자 스데반의 순교 사건까지 일어납니다.

그때에 스데반의 일로 일어난 환난으로 말미암아 흩어진 자들이 베니게와 구브로와 안디옥까지 이르러 유대인에게만 말씀을 전하는데 (행 11:19)

흩어진 초대교회의 처음 신자들은 대부분이 아직은 유대인들이었습니다. 그들은 예수를 믿었지만 아직 그리스도인의 삶의 기본이 무엇인지 정립하지 못했습니다. 기초는 배웠지만 성숙하지 못한 것입니다. 그들에게 믿음 이후의 성숙이 무엇인가를 가르치기 위해 하나님은 야고보라는 주의 제자를 사용하십니다.

야고보는 유대인들에게는 우리 이름의 김씨나 이씨만큼 흔한 이름이었습니다. 그래서 야고보서를 접근할 때 어떤 야고보가 이 편지를 쓴 저자인가가 문제가 됩니다. 그러나 복음주의 성경학자들은 주의 동생 야고보를 저자로 봅니다. 이 편지 내용을 검토해 보면 저자가 유대인임을 짐작할 수 있습니다.

그는 이 편지를 흩어진 이스라엘 열두 지파에게 쓴다고 말합니다. 그는 야고보서 2장에서 유대인 회당을 언급합니다. 야고보서의 교훈과 가장 일치하는 다른 성경이 있다면 그것은 마태복음의 산상수훈입니다. 이런 것으로 미루어 이 편지의 저자는 산상수훈을 가르치신 예수님을 가장 잘 아는 사람입니다. 그는 또한 이 책에서 기도를 많이 강조합니다. 이런 모든 조건을 만족시킬 수 있는 유일한 인물은 후일 낙타의 무릎을 가진 사람이라는 별명을 얻은 기도의 사람, 예수님의 육신의 동생 야고보밖에 없습니다.

어느 날 예수님의 육신의 형제들이 예수께 당신이 메시아라면(아마도 그들의 부모에게 들었을 것) 이제 갈릴리를 떠나 저 유대의 서울 예루살렘에 가서 당신 자신을 증명하라고 말하는 대목에서 그들의 예수 이해에 대한 결론을 이렇게 소개합니다(요 7:3–5 참조).

이는 그 형제들까지도 예수를 믿지 아니함이러라 (요 7:5)

그런 그가 어떻게 예수를 믿게 되었을까요. 틀림없이 부활하신 주님을 만나고 난 이후였을 것입니다. 고린도전서는 부활하신 주께서 '그 후에 야고보에게 보이셨으며'(15:7)라고 기록합니다. 그 후 그는 예수님의 동생으로 과시하기보다 자신을 뉘우치며 겸허하게 주를 증거하는 제자가 됩니다. 그는 야고보서 1장 1절을 이렇게 시작합니다.

하나님과 주 예수 그리스도의 종 야고보는 (동생이라고 하지 않고)

그리고 이제 그는 유대 신자들의 존경을 받는 지도자가 되어 예수를 따르는 삶의 길을 가르칩니다. 그리고 그는 당시 흩어져 많이 흔들리고 있는 성도들에게 주 예수님을 대신해 그들의 진정한 믿음의 성숙을 촉구할 필요를 느껴 이 편지를 씁니다. 이 성숙의 과제를 이 편지에서 그는 '온전함'이라는 단어로 표현합니다.

야고보는 편지에서 복음 그 자체를 설명하기보다 복음을 받아들인 성도들의 복음 이후의 복음적 삶, 곧 믿음의 성숙을 말합니다. 그렇다면 야고보가 흩어진 어린 신자들에게 편지하며 기대했던 믿음의 온전함(성숙)은 어떻게 이룰 수 있을까요?

우리의 믿음은 시련으로 온전하게 된다는 것입니다
인생을 살면서 여러 가지 시험을 만나며 살아갑니다.

내 형제들아 너희가 여러 가지 시험을 당하거든 온전히 기쁘게 여기라 (약 1:2)

'시험'이라는 단어는 본래 '페이라스모스'(peirasmos)라는 단어로 쓰입니다. 이 단어는 때로는 '시련 혹은 연단'(trial)의 의미로 사용되기도 하고, 때로는 '유혹'(temptations)의 의미로(1:13-14 참조) 사용되기도 합니다. 그러나 일단 서두에서 야고보는 신앙의 핍박으로 흩어진 성도들의 시련을 더 생각하는 것으로 보입니다. 야고보는 그래서 이들의 시험을 '믿음의 시련'(연단)이라고 부릅니다.

이는 너희 믿음의 시련이 인내를 만들어 내는 줄 너희가 앎이라 (약 1:3)

여기서 '시련' 혹은 '연단'은 일종의 테스트의 성격이 짙습니다. 우리가 학교에서 학생으로서 반드시 경험해야 하는 통과의례와 같습니다. 이 테스트를 잘 활용하는 학생들은 시험 후 뒤떨어진 과목을 보완함으로써 보다 온전해집니다. 그것이 바로 시험을 허용하는 이유라고 야고보는 말합니다. 그리고 이런 시험을 잘 인내하는 과정을 통해서 온전함에 도달한다고 야고보는 말합니다.

> 인내를 온전히 이루라 이는 너희로 온전하고 구비하여 조금도 부족함이 없게 하려 함이라 (약 1:4)

'온전히'라는 단어가 희랍어에서는 성숙을 의미하는 '텔레이오스'(teleios)로 쓰입니다. 야고보서를 기록한 목적이 바로 성도들을 성숙함 곧 온전함에 이르게 하고자 하는 것입니다. 거기에 도달하기 위해 필요한 것이 바로 믿음의 시련 혹은 연단이라고 할 수 있습니다. 야고보는 당시 신앙의 핍박을 피해 흩어진 성도들이 경험하는 고난이 바로 믿음의 연단이라고 말합니다. 야고보는 이 주제를 야고보서 5장 7-12절에서 다시 다룹니다. 거기서도 변함없이 인내를 강조합니다. '길이 참으라'고 말합니다. 여기서 참음은 피하지 않고 그 현실에 직면하는 것을 의미합니다. 학생이 시험을 피하려 하면 어떻게 되겠습니까?

과거 이스라엘과 아랍 전쟁이 일어났을 때의 실제 일화입니다. 한 미국 대학의 클래스에 이스라엘 학생과 아랍 학생이 같은 수업을 듣고 있었습니다. 교수가 밤사이 중동 전쟁이 난 것을 아는지 물었습니다. 두 학생이 모두 몰랐다고 대답했습니다. 교수는 자네들은 개의치 말고 후일 조국에 기여하기 위해서라도 열심히 공부하라고 격려했다고 합니다. 그런데 그 다음날 수업에 두 학생이 다 결석했다고 합니다. 교수가 친구들에게 두 학생의 소식을 물었습니다. 돌아온 대답이 이랬다고 합니다. 이스라엘 학생은 전쟁에 참여하기 위해 이스라엘로 떠났고, 아랍 학생은 징집영장이 나올까 봐 어디론가 잠적했다는 것입니다.

그 전쟁의 결과를 예측할 만하지 않습니까? 우리가 신앙생활을 하며 경험하는 시험도 일종의 영적 전쟁입니다. 시험은 피해서는 안 됩니다. 인내하며 직면해야 합니다. 그리고 그 직면을 통해 우리의 믿음은 비로소 온전해집니다. 이것이 바로 야고보가 전하는 복음적 삶의 승리의 비밀입니다.

우리의 믿음은 행함으로 온전해진다는 것입니다

이미 야고보서 1장에서 '온전하다'는 단어를 몇 차례 만났습니다만, 2장에서 그 단어를 다시 만납니다.

네가 보거니와 믿음이 그의 행함과 함께 일하고 행함으로 믿음이 온전하게 되었느니라 (약 2:22)

피상적으로 야고보서를 읽으면 지금까지 공부했던 로마서나 갈라디아서의 교훈과는 역행하는 것 같은 인상을 받을 수 있습니다. 예컨대 로마서나 갈라디아서가 반복하는 교훈은 우리는 우리의 행함으로는 하나님 앞에 의롭다 함을 받을 육체가 없고 오직 십자가에서 우리 죄를 담당하신 예수를 믿음으로써만 의롭다 함을 받을 수 있다는 것입니다. 이것을 기독교 교리에서는 '이신득의' 혹은 '이신칭의'(Justification by faith alone)라고 하지요. 바로 이 교리가 개혁자 마틴 루터가 강조한 종교개혁의 핵심 교리입니다. 자연스럽게 마틴 루터는 야고보서를 좋아할 수 없었겠지요. 그는 심지어 야고보서를 '지푸라기 서신'이라고 비하하기도 했습니다. 그러나 후대 개신교 학자들, 심지어 루터의 후학들까지도 이런 루터의 견해는 성급한 결론이었다고 말합니다.

사실 야고보서와 로마서는 전혀 다른 배경으로 기록되었습니다. 야고보가 강조한 행함은 구원의 조건으로써가 아닌 구원의 결과 곧 열매로써의 행함이었기 때문입니다.

우리 조상 아브라함이 그 아들 이삭을 제단에 바칠 때에 행함으로 의롭다

하심을 받은 것이 아니냐 (약 2:21)

그러나 창세기를 보면 아브라함이 처음 의롭다 함을 받은 것은 이삭을 주시겠다고 말씀하실 때 아브라함이 하나님과 그의 말씀을 믿음으로 의롭다 함을 받습니다(창 15:6 참조).

그런데 야고보가 언급하는 이삭을 제단에 드리는 사건은 훨씬 더 시간이 지난 창세기 22장의 사건입니다. 하나님은 이삭을 드리는 사건을 통해 한 번 더 아브라함의 믿음을 시험하신 것이고, 이 시험에 합격함으로써 아브라함은 그가 과거에 믿음으로 의롭다 함을 받은 것을 이제는 행함으로도 의로운 사람임을 증명하게 된 것입니다. 이때 이 사건으로 아브라함의 믿음은 더욱 온전해졌습니다. 이 사건으로 아브라함은 그의 믿음이 죽은 믿음, 곧 말뿐인 믿음이 아닌 산 믿음임을 증명합니다.

영혼 없는 몸이 죽은 것같이 행함이 없는 믿음은 죽은 것이니라 (약 2:26)

전승에 의하면 예수님의 육신의 형제로서 예수님을 믿지 못하다가 부활하신 예수님을 만나고 변화된 야고보는 기도와 경건 생활, 구제에 힘쓰는 삶을 살았다고 합니다. 그래서 그에게 명예로운 별명 하나가 더 붙여집니다. '의인 야고보'(James the Just)라는 칭호가 그것입니다. 그래서 유난히 이 서신에는 가난하고 불행한 사람들에 대한 관심이 지속적으로 등장합니다.

> 하나님 아버지 앞에서 정결하고 더러움이 없는 경건은 곧 고아와 과부를 그 환난중에 돌보고 또 자기를 지켜 세속에 물들지 아니하는 그것이니라 (약 1:27)

5장 1-6절에서는 가난한 노동자들을 착취하는 부자들에 대한 신랄한 경고를 던집니다. 5장 6절에서 "너희는 의인을 정죄하고 죽였다"고 말합니다. 3장 2절에서는 "우리가 다 실수가 많으니 만일 말에 실수가 없는 자라면 곧 온전한 사람이라"고 말합니다. 야고보가 주님을 만나고 평생을 드려 추구한 것은 온전한 사람됨 곧 성숙함이었던 것입니다. 그가 '의인 야고보'로 불린 것이 당연하게 느껴지지 않습니까? 이 야고보가 오늘 한국 교회에도 필요하지 않습니까? 이제는 우리가 들은 그 많은 설교를 행함으로 증명할 때가 되지 않았습니까? 어떤 분이 천국에 가서 실제로 주님을 뵙자 당황스러워하며 이렇게 인사를 했다고 합니다.

"주님, 말씀은 많이 들었는데 처음 뵙겠습니다."

어떤 교회에 새로 목사님이 부임했는데 첫 주일 첫 설교에 교인들이 많은 은혜를 받았다고 합니다. 그런데 다음 주일 그 목사님은 똑

같은 설교를 하셨다고 합니다. 그러자 교인들은 수군거렸습니다.

"아니 지난주일 설교를 왜 반복하시나?"

그런데 다음 주일에도 또 반복하자 더 이상 참을 수 없었던 교우들은 대표를 보내 그 이유를 물었습니다. 목사님은 담담하게 대답했다고 합니다.

"우리가 말씀을 받는 이유는 말씀대로 살기 위해서가 아닌가요? 저는 아직 우리 중에 제가 나눈 말씀들이 실천되는 것을 보지 못했습니다. 그 말씀이 순종된다면 다음 주일은 새로운 과제를 가지고 설교하겠습니다."

그것이 바로 야고보서를 기록한 이유입니다. 그것이 바로 야고보가 전한 복음이요, 복음에 합당한 복음적 삶의 기대였던 것입니다. 지금은 우리가 제2, 제3의 야고보로 주님 앞에 설 때입니다.

베드로전서 1장 3-7절

³우리 주 예수 그리스도의 아버지 하나님을 찬송하리로다 그의 많으신 긍휼대로 예수 그리스도를 죽은 자 가운데서 부활하게 하심으로 말미암아 우리를 거듭나게 하사 산 소망이 있게 하시며 ⁴썩지 않고 더럽지 않고 쇠하지 아니하는 유업을 잇게 하시나니 곧 너희를 위하여 하늘에 간직하신 것이라 ⁵너희는 말세에 나타내기로 예비하신 구원을 얻기 위하여 믿음으로 말미암아 하나님의 능력으로 보호하심을 받았느니라 ⁶그러므로 너희가 이제 여러 가지 시험으로 말미암아 잠깐 근심하게 되지 않을 수 없으나 오히려 크게 기뻐하는도다 ⁷너희 믿음의 확실함은 불로 연단하여도 없어질 금보다 더 귀하여 예수 그리스도께서 나타나실 때에 칭찬과 영광과 존귀를 얻게 할 것이니라

복음은 고난을 통해
구원의 완성을 이루게 합니다

왜 오늘의 설교 제목을 베드로가 다시 전한 복음이라고 했을까요?
베드로가 이미 복음을 전한 일이 있었기 때문입니다. 성경학자들은
마가복음을 마가가 기록하기는 했지만 마가는 바로 베드로의 수제자
였음을 기억해야 한다고 말합니다.

> 택하심을 함께 받은 바벨론에 있는 교회가 너희에게 문안하고 내 아들 마
>
> 가도 그리하느니라 (벧전 5:13)

베드로가 마가를 내 아들이라고 부릅니다. 디모데가 바울의 믿음

의 아들이었고 공식적인 승계자였다면 마가는 베드로의 믿음의 아들이요 공식적인 승계자라 할 수 있습니다. 마가가 예수 그리스도와 그의 가르침에 대해 증언한 모든 것은 실로 그가 베드로에게 들은 것을 기초로 했다고 보는 것이 타당합니다. 그런 의미에서 학자들은 마가복음은 베드로 복음이라고 해도 지나친 말이 아니라고 생각합니다. 그런데 이미 마가를 통해 복음을 증거한 베드로가 친히 다시 붓을 들어 복음을 증거해야 할 어떤 일이 있었단 말입니까? 그렇습니다. 그것이 바로 베드로전후서를 기록한 배경이라고 할 수 있습니다.

때는 AD 64년, 이 해는 초대 그리스도인들에게 결코 잊을 수 없었던 해입니다. AD 64년 7월 19일 로마에 큰 화재가 일어납니다. 그 화재는 거의 로마 전역에 영향을 줄 만큼 충격적이고 참담한 사건이었습니다. 가까스로 화재를 진압한 후 여기저기 널린 폐허의 잿더미 속에서 로마 시민들의 마음마저 황폐해질 즈음 로마시에는 끔찍한 소문이 소리 없이 퍼져 갔습니다. 로마 제국의 악명 높은 네로 황제가 술에 취해 자신의 시흥을 돋우기 위해 로마시에 방화한 것이라는 소문이었습니다. 네로는 이 소문을 잠잠하게 하고자 백방으로 노력했지만 효력을 거두지 못하자 희생양을 찾기 시작합니다. 그 희생양으로 대두된 것이 바로 그리스도인들이었습니다. 곧이어 그리스도인들에 대한 체포 명령이 내려지고 여기저기서 피비린내 나는 처형이 이어집니다. 다음 말씀이 이런 시대적 배경을 잘 전달해 줍니다.

12 사랑하는 자들아 너희를 연단하려고 오는 불 시험을 이상한 일 당하는 것같이 이상히 여기지 말고 13 오히려 너희가 그리스도의 고난에 참여하는 것으로 즐거워하라 이는 그의 영광을 나타내실 때에 너희로 즐거워하고 기뻐하게 하려 함이라 (벧전 4:12-13)

살아남은 그리스도인들은 카타콤의 지하 동굴로 숨어들었고, 많은 그리스도인들은 소아시아로 흩어졌습니다. 이런 배경에서 그리스도인 공동체의 지도자였던 사도 베드로는 남은 자들에게 우리가 아직도 복음을 붙들고 살아야 할 이유를 강조하기 위해 이 편지를 썼습니다. 그렇다면 사도 베드로가 마지막으로 다시 전한 복음의 의미는 무엇이었을까요?

복음은 우리가 예수를 믿음으로만
거듭날 수 있다는 소식입니다

그리스도인들은 자신을 새로운 존재, 새 피조물 혹은 거듭난 존재로 고백합니다. 우리가 거듭날 수 있었던 것은 우리의 구주요 주님이신 주 예수께서 우리 죄를 짊어지고 십자가에 죽으시고 장사한 지 사흘 만에 부활하사 우리에게 찾아오신 때문입니다. 부활하신 주님을 내 인생의 새로운 주인으로 영접한 순간 우리는 새 생명을 선물로 받고, 그 결과 우리는 새로운 소망 영원히 살아있는 소망을 얻게 됩니다. 그것이 바로 복음입니다.

사도 베드로는 지금 우리의 소망이 위협받는 이런 시대 속에서도 이 소망만은 놓치지 말고 붙잡고 살라고 격려합니다. 고난의 시대 우리가 다시 붙잡아야 할 소망은 바로 복음의 소망입니다.

> 3우리 주 예수 그리스도의 아버지 하나님을 찬송하리로다 그의 많으신 긍휼대로 예수 그리스도를 죽은 자 가운데서 부활하게 하심으로 말미암아 우리를 거듭나게 하사 산 소망이 있게 하시며 4썩지 않고 더럽지 않고 쇠하지 아니하는 유업을 잇게 하시나니 곧 너희를 위하여 하늘에 간직하신 것이라 (벧전 1:3-4)

《카타콤의 순교자》라는 책이 있습니다. 이 책에 보면 베드로가 이 편지를 쓰던 당시 예수를 믿는 신앙의 고귀함을 지키기 위해 카타콤을 그들의 삶의 주거지로 선택한 사람들의 이야기, 거기서 끌려 나와 로마의 원형경기장에서 야수의 밥으로 사라져 가면서도 주를 찬양한 성도들의 순교사가 담겨 있습니다. 이 책에는 열세 살 어린 소년 순교자 포리오의 믿기 어려운 이야기가 있습니다.

"예수가 너에게 무엇을 해 주었는가? 너는 예수를 부인하고 살거라."

관원의 말에 어린 소년은 이렇게 말합니다.

"그분은 나에게 많은 것을 해 주셨습니다. 그분은 나를 영원히 살게 하기 위해 자신의 목숨을 주셨고요. 그에 의해 나는 당신들이 나에게 빼앗으려고 하는 나의 이 생명보다 더 귀중한 영생을 선물로 받았습니다."

"넌 죽음이 무섭지 않은가?"

"그분은 죽음에서 이길 수 있는 힘을 나에게 주십니다. 나는 두려워하지 않겠습니다. 저는 저의 죽음이 이 비참한 육신의 생활에서 이제 영원히 행복한 생활에의 변화라고 믿고 있습니다. 야수에게 찢겨 죽든 불길에 타서 죽든 모두 마찬가지입니다. 그분은 내가 이 믿음을 지킬 수 있도록 도와주실 것입니다. 그분은 나를 붙들어 주시며 나의 영혼을 하늘나라의 영원한 삶으로 인도해 주십니다. 당신들이 나를 위협하는 이 죽음은 두렵지 않지만 당신네들이 가지라는 이 목숨이 나에게는 천만 번의 죽음보다 더 두렵습니다."

나이 어린 소년이지만 구원의 확신을 지닌 거듭난 성도로서 산 소망을 가진 자의 담대한 고백이 아닌지요? 산 소망의 반대는 죽은 소망입니다. 소망이 죽으면 인생을 살 이유가 없어집니다. 단테는 지옥을 묘사하며 지옥의 입구에는 "일체의 소망을 버리라"고 적혀 있다고 기록합니다. 산 소망의 출발점이 거듭남의 순간인 것입니다. 거듭남은 작은 부활입니다. 그리고 부활을 경험한 사람들은 지금의 현실 저

건너편을 바라보고 살아갑니다.

썩지 않고 더럽히지 않고 쇠하지 않을 소망, 그것이 바로 천국의 소망이 아니겠습니까? 복음은 우리가 예수를 믿고 거듭난 자로 소망을 지닌 자로 살게 된 사건입니다. 그래서 어떤 경우, 어떤 상황에도 우리가 놓치지 말고 붙잡을 것은 바로 복음, 베드로가 다시 전한 복음입니다.

복음은 구원의 완성에 이르도록
우리가 보호된다는 소식입니다

구원의 확신은 복음주의자들에게 중요한 고백적 교리입니다. 그러나 만일 우리가 한번 받은 구원을 다시 잃어버린다면 어떻게 되겠습니까? 사실 초대교회 교인들이 목숨의 위협을 받는 박해를 직면하면서 신앙을 포기하는 성도들도 적지 않았을 것입니다. 과연 이런 박해 앞에서 내 믿음을 지킬 수 있을 것인지 묻고 있었던 상황입니다. 그런데 베드로는 이렇게 약속합니다.

너희는 말세에 나타내기로 예비하신 구원을 얻기 위하여 믿음으로 말미암아 하나님의 능력으로 보호하심을 받았느니라 (벧전 1:5)

우리의 구원과 믿음이 하나님의 능력으로 보호받는다는 것입니다. 이것을 개혁교회에서는 '견인의 교리'(doctrine of perseverance), 침례교 전통에서는 '영원한 안전의 교리'(doctrine of eternal security)라고 불러 왔습니다. 쉽게 이 교리를 '한 번 받은 구원은 영원한 구원'(once saved, always saved)이라고 부르기도 했습니다.

물론 성경에는 구원을 잃어버리지 않도록 경고하는 여러 말씀들이 있습니다. 그러나 이런 말씀을 구원의 상실이 가능한 것으로 보는 것은 성급한 해석의 비약입니다. 부모의 손을 잡고 벼랑길을 걷는 아이에게 부모는 계속 너 내 손 놓치면 떨어져 죽는다고 경고할 것입니다. 하지만 그 말이 부모가 자녀의 손을 놓겠다는 말일까요? 자녀의 안전은 자녀가 움켜쥔 손이 아닌 자녀를 붙들고 있는 부모의 우직한 손 때문이 아니겠습니까?

만일 우리의 구원이 언제라도 상실 가능한 것이라면 우리의 구원은 얼마나 불안한 것이겠습니까? 우리 부모가 나를 언제라도 버릴 수 있다고 생각하는 집에서 자라는 자녀들의 모습을 연상해 보십시오. 물론 이런 부모의 사랑을 이용해서 부모를 소홀히 여기는 자녀들도 존재하는 것도 사실입니다. 그렇더라도 타락한 자녀들이 부모의 집으로 다시 돌아올 수 있는 것은 부모의 변치 않는 사랑 때문이 아니겠습니까? 이사야의 말씀을 기억하시나요?

여인이 어찌 그 젖 먹는 자식을 잊겠으며 자기 태에서 난 아들을 긍휼히
여기지 않겠느냐 그들은 혹시 잊을지라도 나는 너를 잊지 아니할 것이라
(사 49:15)

바로 이런 약속이 우리의 영적 안전과 보호의 근거가 됩니다. 본문
5절이 동일한 약속을 하지 않습니까? 하나님의 능력이 우리를 보호
하고 있다고 말입니다. "하나님이 보호하사 우리 믿음 만세"입니다.
이것이 베드로가 믿음의 박해를 두려워하는 성도들에게 다시 한 번
확인시켜 주는 복음입니다. 복음은 우리를 구원할 뿐 아니라, 그 구원
이 완성에 이르도록 하나님이 우리를 지키신다는 약속까지 포함하고
있습니다.

복음은 구원 완성의 날
우리가 영화롭게 된다는 소식입니다

그러면 우리 인생과 믿음이 역경을 통과하는 날 우리가 기억할 일
은 하나님이 지켜 주신다는 것뿐일까요? 하나 더 있습니다. 그가 그
시간에 창조주 하나님께서 우리의 믿음과 인격을 빚으신다는 사실입
니다. 7절을 보십시오. 우리 믿음의 확실함을 위해 불로 연단하고 계
시다는 것입니다.

언젠가 달 항아리 장인인 지당 박부원 선생의 광주 도장에서 무려 1,300도의 열을 견디고 항아리들이 태어나는 순간을 목격한 일이 있습니다. 옛날 소아시아와 지중해의 도인들은 이런 도자기들이 불에서 나올 때 시원찮은 것은 깨 버리지만 제대로 기대한 작품이 태어날 때 도키모스(dokimos)라고 외쳤다고 합니다. '시험 통과하고 합격'이라는 의미입니다.

지난 3월 밀알 미술관에서 지당 박부원 선생의 달 항아리 전시회가 열렸는데, 주제가 '불에서 태어난 보석'이었습니다. 오늘의 불 같은 고난이 보석을 정제하는 순간이라면 그 고난은 견딜 만하지 않습니까? 그래서 베드로는 말합니다.

그러므로 너희가 이제 여러 가지 시험으로 말미암아 잠깐 근심하게 되지 않을 수 없으나 오히려 크게 기뻐하는도다 (벧전 1:6)

그래서 견인의 시간은 오히려 기쁨의 순간일 수 있습니다. 고난을 억지로 참고 견디기만 하는 것이 아니라, 기뻐하며 견디는 것입니다.

성도의 평생은 바로 크고 작은 고난과 시험들을 견디며 우리가 하나님의 보석으로 정제되는 일생입니다. 신학자들은 이 과정을 견디는 시간을 '성화'의 시간, 이 가르침을 '성화의 교리'(doctrine of sanctification)라고 부릅니다. 그리고 이 성화의 시간을 잘 견딘 모든 성도들에게 마지막으로 예비되는 순간이 바로 '영화'(glorification)의 순간입니다. 이 순간이 바로 우리 구원이 완성되는 날입니다. 이 교리를 가르쳐 '영화의 교리'라고 부릅니다. 7절 하반부가 바로 그 순간에 대한 증언입니다.

> 예수 그리스도께서 나타나실 때에 칭찬과 영광과 존귀를 얻게 할 것이니라 (벧전 1:7b)

복음은 거기까지입니다. 로마서의 증언이 바로 그것입니다.

> 또 미리 정하신 그들을 또한 부르시고 부르신 그들을 또한 의롭다 하시고 의롭다 하신 그들을 또한 영화롭게 하셨느니라 (롬 8:30)

그러면 그날, 그 영화의 날, 우리가 칭찬과 영광과 존귀를 얻기에 합당하도록 오늘의 고난 속에서도 기뻐하며 찬미하고 울면서도 춤을 추는 것을 배워야 합니다. 닉 부이치치의 고백을 한 번 더 들려 드리고 싶습니다.

> 숨이 끊어질 것처럼 아파도 삶은 여전히 아름답습니다. 하나님은 부족한 나를 쓰셔서 고통 속에 있는 사람들의 마음의 빗장을 여십니다. 누구나 제 몫

의 짐을 지고 삽니다. 우리를 짓누르는 어떤 문제보다 하나님은 더 크십니다. 툭툭 털고 일어나십시오. 저와 함께 플라잉을 준비하십시오. 어린 시절 저는 평생 직업을 가질 수 없고 대학을 갈 수도 없고 결혼할 수도 없고 아빠도 될 수 없다고 생각했습니다. 그러나 미래가 보이지 않던 내 인생에 하나님은 기적처럼 날개를 달아 주셨습니다. 믿음 때문에 우리는 날 수 있습니다.

이것이 복음이 주는 성화와 영화의 소망입니다.

요한일서 1장 1-4절

¹ 태초부터 있는 생명의 말씀에 관하여는 우리가 들은 바요 눈으로 본 바요 자세히
보고 우리의 손으로 만진 바라 ² 이 생명이 나타내신 바 된지라 이 영원한 생명을 우
리가 보았고 증언하여 너희에게 전하노니 이는 아버지와 함께 계시다가 우리에게
나타내신 바 된 이시니라 ³ 우리가 보고 들은 바를 너희에게도 전함은 너희로 우리와
사귐이 있게 하려 함이니 우리의 사귐은 아버지와 그의 아들 예수 그리스도와 더불
어 누림이라 ⁴ 우리가 이것을 씀은 우리의 기쁨이 충만하게 하려 함이라

복음은 예수님과의
지속적인 사귐을 통해 누리는
공동체의 충만한 기쁨입니다

아시아나기의 샌프란시스코 공항 착륙 사고를 접하면서 실화를 바탕으로 만든 한 편의 옛 영화가 기억났습니다. 1993년에 제작된 영화 〈얼라이브〉(Alive)입니다. 1972년 10월 한 우르과이 대학 럭비선수들과 관계자들, 가족들을 태운 전세 비행기가 남미 안데스 산맥에 추락합니다. 45명 중 13명은 즉사했고 나머지는 눈사태와 추위, 배고픔으로 차례로 죽어 갔고 최후 16명만이 사고 72일 만에 구조됩니다. 그런데 그들은 의외로 건강했습니다. 그들은 처음에는 그 이유를 숨기다 결국 사망한 동료의 인육을 먹으며 버틸 수 있었다고 고백합니다. "가톨릭교도인 그들이 그럴 수 있나?"라는 비난이 쇄도했지만 교황

청은 이미 사망한 인육을 생존을 위해 먹은 것은 죄가 아니라고 선언합니다.

생존한 선수들은 인터뷰에서 그러나 우리를 살린 것은 인육이 아니라, 우리가 하나의 공동체가 되어 서로를 붙들고 서로를 지키고자 한 믿음 때문이었다고 말합니다. 실제로 그들은 구조를 포기했다는 절망적 선언을 듣고서도 만년설 가운데 처박힌 비행기 잔해 아래서 저녁마다 손을 붙잡고 기도했습니다. 시간이 지나가며 이 사건은 인육보다 '함께하는 공동체'의 감동을 전하는 도구가 되었습니다.

복음주의적 학자들은 대체로 예수님의 제자 사도 요한이 신약성경에서 세 권의 책을 썼다는 것에 동의합니다. 이 세 권은 요한복음과 요한서신(1, 2, 3서) 그리고 요한계시록입니다. 아마 이 중에 제일 먼저 쓰인 책이 요한복음일 겁니다. 그러면 요한복음을 기록한 사도 요한이 이어서 요한서신을 다시 기록해야 할 이유라도 있었을까요? 그렇습니다.

우선 요한복음은 당시 예수가 누구인가를 직접적으로 소개받을 수 없었던 이방인을 상대로 복음을 설명할 목적으로 기록되었습니다. 거기서 요한은 이 복음서를 기록하는 자신을 '예수께서 사랑하는 자' (요 13:23: 19:26: 20:2: 21:7, 20)라고 썼습니다. 예수의 사랑을 직접 받은 자로서 예수가 누구인가를 증언한다는 의미였던 것입니다. 그러나 요한서신에서는 자신을 '장로'라고 밝히고 이 편지를 받는 자들을

'자녀들'(2:1, 18, 28; 3:7; 5:21)이라고 썼습니다. 이 서신서는 불신자들이 아닌 신자들을 대상으로 한 교회 공동체의 지도자로서의 편지였던 것입니다. 사도 요한은 적 그리스도가 일어났다고 경계하며 19절에서 "그들이 우리에게서 나갔"다고 기록합니다(요일 2:18-19 참조). 이 편지는 이단의 교회 흔들기에 맞서 교회 공동체를 지키려는 의도로 기록된 말씀이었던 것입니다.

교회 공동체의 존재 이유는 복음이었고 따라서 복음의 의미가 확인되는 것이 무엇보다 중요하다고 판단한 사도 요한은 오늘을 사는 신자인 우리에게 이 서신서를 통해 묻는 것입니다. 우리 교회 공동체가 지켜야 할 복음은 무엇이냐고 말입니다. 이미 교회 공동체에 속한 우리들 성도들에게 복음의 의미는 무엇일까요?

복음은 생명의 말씀을 경험하는 삶 자체입니다

태초부터 있는 생명의 말씀에 관하여는 우리가 들은 바요 눈으로 본 바요 자세히 보고 우리의 손으로 만진 바라 (요일 1:1)

이 첫 구절을 읽자마자 떠오르는 말씀이 있지 않습니까? 아마 요한복음 1장 1절이 떠오르실 겁니다.

이 유사성으로 미루어도 요한복음과 요한서신의 저자가 동일하다는 것을 추측할 수 있습니다.

사도 요한은 요한복음 1장 14절에서 이 말씀은 곧 육신이 되어 우리 가운데 찾아오신 예수 그리스도라고 선언합니다. 그런데 이 요한서신 서두 1장 3절에서도 이 말씀이 바로 예수 그리스도이심을 밝히고 있습니다. 이것은 동일한 사건의 단순한 반복적 증언이 아닙니다. 요한복음은 태초부터 계신 그분의 역사적 존재와 성육신의 사실을 전한 것입니다. 그리고 요한서신은 그를 믿는 신자들인 우리는 이제 그분을 알게 되었을 뿐 아니라, 직접적으로 경험하게 되었다는 것을 증거하는 것입니다.

여기 1절에 우리가 그분을 들었고 보았고 만졌다고 하지 않습니까? 물론 이 말씀을 기록한 사도 요한은 예수님의 제자로서 직접 예수님의 말씀을 들었고 그분을 목전에서 뵈올 수 있었고 그분의 손을 만질 수도 있었습니다. 그러나 이 말씀은 그런 역사적 만남의 증언에서 그치지 않습니다.

여기서 사도 요한은 예수를 단지 말씀이라고 하지 않고 생명의 말씀이라고 부릅니다. 2절에서는 영원한 생명의 말씀이라고 말합니다. 우리가 예수를 믿는 순간 우리는 모두 영생을 얻습니다. 그때부터 우

<u>리는 그 영원한 생명이신 그분을 경험하기 시작하는 것입니다.</u> 사도 요한의 말씀을 상기해 보십시오.

> 영생은 곧 유일하신 참 하나님과 그가 보내신 자 예수 그리스도를 아는 것이니이다 (요 17:3)

여기서 안다는 것은 단순한 객관적 정보 취득을 의미하지 않습니다. 히브리어(yada, 야다)나 희랍어(ginosko, 기노스코)에서 '안다'는 단어는 모두 경험한다는 의미가 있습니다. 예컨대 어떤 남자가 여인을 알게 되었다는 말은 깊은 관계에 들어갔다는 뜻과 같습니다. 시편에 "하나님을 맛보아 알지어다"라는 말이 있습니다. 하나님을 알고만 계십니까? 그 하나님을 맛보아 아십니까? 사과에 대해 아는 것과 사과를 맛보는 것은 다르지 않습니까? 예수를 믿는 것은 예수를 경험하는 것입니다. 복음은 예수가 어떤 분인가를 지적인 정보 차원에서 아는 것이 아니라 그분의 사랑과 은혜를 실제로 경험하게 된 사실입니다.

오늘날 교회의 문제는 교회에 출입하며 교인들이 예수를 알게 되었는데 예수를 실제로 경험하는 사람들이 많지 못하다는 것입니다. 이런 교인들을 '명목상의 교인들'(no]minal members, name only christians)이라고 하지요. 신앙의 본질, 복음의 본질은 죄인이었던 우리가 구주요 주님이신 예수를 경험하며 살게 되었다는 것입니다. 우리가 경험할 수 있는 최고 최대의 기적은 예수를 경험하는 것입니다. 그래서 《예수님을 경험하는 기적 인생》이라는 책도 나왔습니다. 복음은 바로 예수를 경험하는 삶 자체입니다.

복음은 하나님과의 사귐을 누리는 삶 자체입니다

우리가 보고 들은 바를 너희에게도 전함은 너희로 우리와 사귐이 있게 하려 함이니 우리의 사귐은 아버지와 그의 아들 예수 그리스도와 더불어 누림이라 (요일 1:3)

'사귐'을 뜻하는 희랍어 코이노니아는 복음적인 삶의 본질을 나타내는 중요한 단어입니다. 복음은 단지 우리가 하나님과 예수를 믿는 것뿐이 아니라, 그분과 더불어 교제한다는 것입니다. 우리말 번역을 빌리면 교제를 누리는 것입니다.

죄인 되었던 우리가 감히 창조자요 전능자이신 하나님과 교제하다니요! 죄인 되었던 우리가 구세주요 역사의 주인 되신 그리스도와 교제하다니요! 이 어마어마한 특권을 그 무엇에 비견할 수 있단 말입니까? 사회적으로 영향력이 있는 사람들을 만나고 나면 틈만 나면 자랑 삼아 말합니다. 그런데 우리는 하나님을 그리고 예수님을 만난 사람들입니다. 더 중요한 것은 그분과 계속해서 교제하며 살아갈 수 있다는 것입니다. 그런데 이상하게도 성도들은 하나님을 만나만 놓고 그 다음에는 교제하지 못합니다. 이 얼마나 위대한 특권의 포기요 상실인지요? 복음은 하나님과의 사귐을 누리며 살아갈 수 있다는 것입니다.

지금은 고인이 되신 예수원 대천덕 신부님의 말씀이 생각납니다. 얼마 전에 태백 예수원을 가족들과 잠시 방문하여 그의 아들 되신 벤 토레이 신부, 그리고 그 따님 되신 분들과 교제를 하고 돌아왔습니다. 그때 그 자리에서도 우리가 옛날 생전의 대천덕 신부님이 하신 말씀을 회고담으로 나누었습니다.

신부님은 한국 교회가 더 깊어지고 성숙해지려면 교회관부터 변화해야 한다고 강조하셨습니다. 그분은 교회라는 단어를 한문으로 쓸 때 '교'자를 가르칠 '敎'로 쓰지 말고 사귄다는 '交'자로 써야 한다고 강조하셨고, 교회의 정의를 축도에서 하는 것처럼 성령의 교통하게 하시는 공동체임을 늘 말씀하셨습니다. 그분이 예수원을 통해 실현하고자 애쓰신 것도 가진 자와 가지지 못한 자, 배운 자와 배우지 못한 자, 건강한 자와 불편한 자가 다 예수 안에서 진정한 가족이 되는 공동체를 회복하는 것이었습니다.

이번에도 잠시 동안의 방문이지만 점심기도회(대도)에 참여하고 그 기도회에 참여한 모두와 함께 공동체 식사에 참여하며 그런 감동을 확인할 수 있었습니다. 우리 교회가 셀 목회로 전환한 것도 주일 예배만 드리고 남남처럼 흩어져 가는 것이 아니라, 셀 공동체로 살아가는 초대교회 정신을 회복하기 위해서였습니다.

사도 요한은 이 편지를 통해 복음적인 삶은 구원받은 우리가 하나님과 교제하며 또 이렇게 하나님을 알고 교제하는 사람들과 하나의 공동체를 이루어 살아가는 것이라고 말하고 싶어 한 것입니다. 이해관계로 나뉘고, 끊임없는 계층과 신념의 대립으로 찢어진 이 세상이 기다리는 복음은 무엇입니까? 우리가 감히 하나님과 교제하며 하나님을 아는 모든 이들과 하나 되어 살 수 있다는 소식입니다.

복음은 충만한 기쁨이 약속된 삶 자체입니다

우리가 이것을 씀은 우리의 기쁨이 충만하게 하려 함이라 (요일 1:4)

사도 요한은 요한서신서를 기록하는 목적이 바로 이 편지를 받는 성도들이 충만한 기쁨으로 사는 것을 보고 싶어서라고 말합니다. 사도 요한이 요한복음 15장에서도 이미 가르친 적 있는 내용입니다. 요한복음 15장은 포도나무 비유의 장입니다. 포도나무 가지와 같은 우리가 나무이신 예수님에게 붙어 있을 때 맺어야 할 열매를 증언하고 있지 않습니까?

> 내가 이것을 너희에게 이름은 내 기쁨이 너희 안에 있어 너희 기쁨을 충만
> 하게 하려 함이라 (요 15:11)

그런데 무엇으로 어떻게 이런 충만한 기쁨의 삶을 누릴 수 있단 말
입니까? 그 다음 절에서 대답합니다.

> 내 계명은 곧 내가 너희를 사랑한 것같이 너희도 서로 사랑하라 하는 이것
> 이니라 (요 15:12)

이 교훈을 사도 요한은 요한서신에서 더욱 강조하는 것입니다. 사
랑함으로 기뻐하는 삶을 말하는 것입니다.

> 우리는 형제를 사랑함으로 사망에서 옮겨 생명으로 들어간 줄을 알거니와
> 사랑하지 아니하는 자는 사망에 머물러 있느니라 (요일 3:14)

우리가 생명을 가진 자, 영생을 가진 자라는 증거는 형제 사랑으로
증명됩니다. 본문의 기쁨은 모든 상황이 좋아 느끼는 피상적인 삶의
기쁨이 아닌, 삶은 무겁고 힘들지만 사랑의 주님이 내 안에 계셔서

그분의 인도 따라 나보다 더 힘들고 아픈 이웃들을 거들고 사랑할 수 있어 넘쳐나는 그런 기쁨입니다.

이번 아시아나 사고가 보도되면서 전 세계인들의 시선을 끈 장면은 흐르는 눈물을 닦지도 못한 채로 승객들을 등에 업고 뛰어 다니는 승무원들의 모습이었습니다. 김지연 선임 승무원은 자신의 몸집만 한 학생 한 명을 등에 업고 혼신의 힘을 다해 뛰었습니다. 500m 이상을 뛴 다음 뒤를 돌아다보았다고 합니다. 비행기는 어느새 화염에 쌓여 있었습니다. 그제서야 다리를 심하게 다친 걸 깨달았다고 합니다. 한편 이윤혜 사무장은 자기가 서비스하던 아이가 없어져 펑펑 울고 있었는데 방금 김지연 후배 승무원이 업고 뛴 아이가 바로 그 아이인 걸 알고는 눈물을 멈추었다고 합니다. 세계 언론은 그들을 영웅이라고 불렀습니다.

남미 안데스 산맥 비행기 사고 현장의 이야기를 나중에 책으로 쓴 폴 리드는 생존을 위해 죽은 동료의 인육을 먹은 것에 대한 비판에 맞서 예수님은 이것을 분명히 기뻐하셨을 것이라고 변호했습니다. 그는 요한복음에 "내 살을 먹고 내 피를 마시는 자는 영생을 가졌고 마지막 날에 내가 그를 다시 살리리니"(6:54)라고 말씀하신 것을 인용했습니다. 그리고 그는 먼저 죽어 간 동료들은 그들의 희생을 바탕으로 사랑하는 친구들이 살아난 것을 자신의 부활처럼 기뻐했을 것이라고 이야기했습니다.

그리스도인의 성찬은 성찬에 참여할 때마다 우리를 위해 희생한 주님의 피와 살을 기념하는 것이 아니냐고 묻습니다. 누군가의 희생과 섬김으로 생명을 살리는 것, 그것이 우리가 아직도 이 땅에서 사는 이유이며 기뻐해야 할 진정한 이유라고 말합니다. 복음은 우리의 희생으로 이웃이 살고 기뻐하는 것을 보며 우리 안에서 누리는 더 크고 충만한 기쁨의 삶입니다.

유다서 1장 1-3절, 20-25절

1 예수 그리스도의 종이요 야고보의 형제인 유다는 부르심을 받은 자 곧 하나님 아버지 안에서 사랑을 얻고 예수 그리스도를 위하여 지키심을 받은 자들에게 편지하노라 2 긍휼과 평강과 사랑이 너희에게 더욱 많을지어다 3 사랑하는 자들아 우리가 일반으로 받은 구원에 관하여 내가 너희에게 편지하려는 생각이 간절하던 차에 성도에게 단번에 주신 믿음의 도를 위하여 힘써 싸우라는 편지로 너희를 권하여야 할 필요를 느꼈노니

20 사랑하는 자들아 너희는 너희의 지극히 거룩한 믿음 위에 자신을 세우며 성령으로 기도하며 21 하나님의 사랑 안에서 자신을 지키며 영생에 이르도록 우리 주 예수 그리스도의 긍휼을 기다리라 22 어떤 의심하는 자들을 긍휼히 여기라 23 또 어떤 자를 불에서 끌어내어 구원하라 또 어떤 자를 그 육체로 더럽힌 옷까지도 미워하되 두려움으로 긍휼히 여기라 24 능히 너희를 보호하사 거침이 없게 하시고 너희로 그 영광 앞에 흠이 없이 기쁨으로 서게 하실 이 25 곧 우리 구주 홀로 하나이신 하나님께 우리 주 예수 그리스도로 말미암아 영광과 위엄과 권력과 권세가 영원 전부터 이제와 영원토록 있을지어다 아멘

복음은 믿음 안에서
우리를 세워 가는 거룩한 여정입니다

이름은 일종의 브랜드 파워라고 할 수 있습니다. 좋은 인생을 산 한 사람이 지나가면 동일한 이름들이 재생산됩니다. 그러나 나쁜 이름의 역사가 지나가면 반대로 그 이름은 역사 속으로 사라지고 맙니다. 이완용이 지나간 후 완용이라는 이름은 거의 찾아볼 수 없지 않습니까. 다행히 동원이라는 이름은 아직은 이미지가 그렇게 나쁜 것 같지 않습니다. 동원 참치, 동원 수산, 동원 대학, 동원 산업, 동원 선 밸리, 동원 택배, 동원 터널, 동원 교회, 동원 샘물….

제가 이렇게 이번 장의 화두를 여는 이유는 동원이라는 이름 때문이 아니라, 유다라는 이름 때문입니다. 유다는 본래 '찬양'이라는 뜻으로 구약에 유다 지파에서 시작해 좋은 이름의 선두였습니다. 그러나 가룟 유다가 지나간 후 이스라엘 백성을 제외하고 서양 사람들 중이 이름을 쓰는 사람은 거의 없습니다. 그런데 여기 신약성경의 한 책이 유다서라고 되어 있습니다. 이 유다는 도대체 누구일까요?

본문 1절은 이렇게 시작합니다. '예수 그리스도의 종이요 야고보의 형제인 유다는' 어떤 성경학자들은 예수님의 제자 가운데 가룟 유다 말고 또 한 명의 유다가 있었는데 그를 이 책의 저자로 주장하기도 합니다. 그러나 그렇다면 관례를 따라 그는 자신을 '사도 유다'라고 말했을 것입니다. 그러나 그는 자신을 야고보의 형제라고 밝힙니다. 그런 의미에서 예수님을 판 가룟 유다와는 상관이 없는 사람입니다. 마태복음 13장 55절과 마가복음 6장 3절에 보면 예수님의 형제들 곧 요셉의 아들들의 명단에 야고보와 유다를 나란히 언급했습니다. 그는 다른 예수님의 형제들처럼 예수님이 메시아임을 믿지 못하다가 부활하신 예수께서 야고보에게 나타나실 때 야고보와 함께 다시 사신 주님을 만나 회심하고 예수님의 제자가 된 것으로 보입니다. 그 후 야고보는 초대교회, 예루살렘 교회의 지도자가 되는데 그와 함께 주님의 교회를 섬긴 것으로 전해집니다. 자신을 예수님의 형제라고 아니하고 예수 그리스도의 종으로 자처한 것은 야고보를 따른 것 (예수 그리스도의 종 야고보, 약 1:1)으로 보입니다.

유다서는 모두 227단어로 되어 있는데 그중 93개 단어가 야고보서에 동일하게 등장하는 것은 유다가 형제 야고보의 영향을 받은 것을 보여 줍니다. 한때 예수님을 가까이 두고도 그의 신성, 그의 메시아 되심을 몰랐다가 마침내 회심하여 예수님의 제자가 된 그가 오늘의 우리에게 전하는 복음의 메시지는 무엇일까요?

복음은 단번에 주신 믿음의 도(길)로
우리를 구원하는 메시지입니다

사랑하는 자들아 우리가 일반으로 받은 구원에 관하여 내가 너희에게 편지하려는 생각이 간절하던 차에 성도에게 단번에 주신 믿음의 도를 위하여 힘써 싸우라는 편지로 너희를 권하여야 할 필요를 느꼈노니 (유 1:3)

여기서 유다는 복음의 핵심은 구원 사건이고, 이 구원은 단번에 주신 믿음의 도라고 고백합니다. 여기서 '단번에'(hapaks)라는 단어는 한번에 주어진 것이지만 영원한 효력을 지닌다는 의미(once for all)입니다. 복음은 사도들을 통해 단번에 영원히 주어진 것이고 우리도 이 복음을 단번에 영원히 받은 것입니다. 이 단어는 복음이 본질적으로 십자가에서 단번에 이루신 예수님의 속죄 사건에 기초하고 있음을 보여 줍니다.

그리스도께서도 단번에(hapaks) 죄를 위하여 죽으사 의인으로서 불의한 자를 대신하셨으니 이는 우리를 하나님 앞으로 인도하려 하심이라 (벧전 3:18)

그리스도의 십자가의 죽으심은 반복될 필요가 없는 단 한 번으로 영원한 속죄의 완성입니다.

세상에서 우리가 건강하고자 취하는 대부분의 약발은 모두 일시적인 것들이어서 그 효용 가치가 떨어지면 다시 그것들이 필요합니다. 구약 시대의 제사들이 그랬습니다. 일시적인 건강, 일시적인 회복, 일시적인 용납, 일시적인 기쁨에 불과했습니다. 그러나 예수님이 십자가에서 당신 자신의 거룩한 몸을 단번에 제물로 드리시는 순간, 구약 시대 제사장들이 가져오던 모든 순간적 은혜는 영원한 은혜에 삼키우고 말았습니다. 이 장엄한 복음의 선포를 히브리서 10장 말씀으로 확인해 볼 수 있습니다.

11 제사장마다 매일 서서 섬기며 자주 같은 제사를 드리되 이 제사는 언제나 죄를 없게 하지 못하거니와 12 오직 그리스도는 죄를 위하여 한 영원한 제사를 드리시고 하나님 우편에 앉으사 (히 10:11-12)

그가 거룩하게 된 자들을 한 번의 제사로 영원히 온전하게 하셨느니라 (히

10:14)

이것이 바로 예수님의 형제 유다를 통해 단번에 우리에게 전해진 영원한 구원의 영광입니다. 이 복음을 믿음으로 받아들이셨는지요? 명절 제사로 조상을 기쁘시게 하고 가정의 일시적 안녕을 추구하는 아직도 복음화 되지 못한 많은 가정들에게 십자가에서 단번에 주신 영원한 속죄의 제사, 구원의 복음의 은혜가 임하시길 기도합니다.

복음은 거룩한 믿음 위에 우리 자신을 건축하는 도(길)입니다

인생은 건축입니다. 우리는 하루하루를 살면서 삶의 집을 건축해 갑니다. 신앙도 건축입니다. 하루하루를 살면서 믿음의 집을 건축해 가는 것입니다. 이 건축이 견고하려면 무엇보다 기초 공사가 건실해야 합니다. 많은 경우 집이 무너지는 것은 기초 공사가 부실해서입니다.

예수님은 산상수훈에서 집을 짓는 두 사람의 이야기를 하십니다. 한 사람은 모래 위에 한 사람은 반석 위에 집을 짓습니다. 건축이 완성된 다음 두 집의 외형은 매우 유사해 보였습니다. 그러나 비바람이 불고 홍수가 밀려오자 두 집의 차이는 쉽게 드러났습니다. 모래 위에 세워진 집이 쉽게 무너짐에 반해 반석 위에 세워진 집은 견고하게 버틸 수 있었습니다. 차이가 무엇입니까? 기초의 차이입니다. 예수께서는 이렇게 말씀하십니다.

> 그러므로 누구든지 나의 이 말을 듣고 행하는 자는 그 집을 반석 위에 지은 지혜로운 사람 같으리니 (마 7:24)

유다는 다음 말씀에서 다음과 같이 권면합니다.

> 사랑하는 자들아 너희는 너희의 지극히 거룩한 믿음 위에 자신을 세우며 (build, 건축하며) 성령으로 기도하며 (유 1:20)

다음 절에서는 자신을 잘 지키라고 말합니다. 왜 이런 권면이 필요했을까요? 당시 이 복음을 받아들인 사람들의 믿음의 기초를 흔드는 거짓된 교훈들이 교회 내에 유입되고 있었기 때문입니다. 4절에서 유다는 '가만히 들어온 사람 몇'(오늘날의 신천지교도들처럼)이 이런 교훈을 퍼뜨리고 있으며, 그것은 결국 우리를 구원하신 하나님의 은혜를 방탕한 것으로 바꾸는 것이라고 경고합니다.

성경학자들은 대체로 초대교회에 잠입한 영지주의(Gnosticism)와 무율법주의(anti-nomianism)의 영향이었을 것으로 추정합니다. 그들은 크게 두 가지 그릇된 가르침의 바이러스를 당시에 퍼트렸습니다.

1. 구약의 절대자 여호와 하나님과 신약의 예수는 다르다고 가르침 (결과적으로 예수의 주되심을 부인하는 것)
2. 예수 믿고 속죄 받은 사람은 이제 용서 받은 자임으로 아무렇게나 살아도 괜찮다는 식의 미혹된 교훈

이는 가만히 들어온 사람 몇이 있음이라 그들은 옛적부터 이 판결을 받기로 미리 기록된 자니 경건하지 아니하여 우리 하나님의 은혜를 도리어 방탕한 것으로 바꾸고 홀로 하나이신 주재 곧 우리 주 예수 그리스도를 부인하는 자니라 (유 1:4)

유다는 이런 가르침을 용납한다면 결과적으로 그것은 우리 믿음의 거룩한 기초를 파괴하는 것이며 멸망으로 가는 길이라고 경고합니다. 예수가 주님이시라면 그분이 우리 삶을 만들도록 위임하는 것이 마땅합니다. 이제 우리는 예수를 주로 고백하는 거룩한 믿음 위에서 그리스도의 사랑과 긍휼을 붙들고 매일을 살아야 합니다. 그 길만이 우리 자신을 거룩한 믿음 위에(믿음 안에서) 건축하는 길입니다.

20 사랑하는 자들아 너희는 너희의 지극히 거룩한 믿음 위에 자신을 세우

며 성령으로 기도하며 21 하나님의 사랑 안에서 자신을 지키며 영생에 이르도록 우리 주 예수 그리스도의 긍휼을 기다리라 (유 1:20-21)

이 과정을 기독교 교리에서는 성화(sanctification)라고 부릅니다. 복음은 구원만 받게 하는 것이 아니라 우리를 믿음 안에서 거룩하게 세우는 여정까지 우리를 도우시겠다는 소식입니다.

복음은 우리로 주의 영광 앞에
기쁨으로 서게 하는 도(길)입니다

달리기 경주에서는 처음 누가 신속하게 자세를 바로 하고 먼저 출발하느냐가 승리의 관건입니다. 그러나 마라톤과 같은 장거리 경주에서는 출발 이상으로 더 중요한 것이 긴 과정을 통한 인내와 골인입니다. 마지막에 어떻게 골인하느냐가 중요합니다. 인생은 짧아 보여도 속성상 장거리 경주입니다. 그래서 인생의 성패를 말할 때 서양에서 가장 중요하게 회자되는 말로 'finishing well'(잘 완주함)이란 말이 있습니다. 유다는 오늘 본문 마지막 대목에서 이 편지를 받는 성도들의 finishing well을 축복합니다.

24 능히 너희를 보호하사 거침이 없게 하시고 너희로 그 영광 앞에 흠이 없이 기쁨으로 서게 하실 이 25 곧 우리 구주 홀로 하나이신 하나님께 우리

주 예수 그리스도로 말미암아 영광과 위엄과 권력과 권세가 영원 전부터 이제와 영원토록 있을지어다 아멘 (유 1:24-25)

아멘이십니까? 정말 그렇게 되고 싶습니까? 마지막 날 그 모습이야말로 복음의 절정이 아니겠습니까? 주께서 연약한 우리를 인생 길에서 보호하사 흠이 없도록 만져 주시고 마침내 그의 영광 앞에 기쁨으로 서게 된다는 것, 이것이 바로 모든 성도의 궁극적인 소망입니다. 기독교 교리에서 이 사건을 '영화'(glorification)라고 부릅니다. 이것은 우리 힘만으로 이루어 낸 성취가 아닙니다. 이 본문에서 주어는 하나님이십니다. 우리를 구원하신 하나님이 우리를 보호하시고, 거침이 없게 하시고, 흠이 없게 하십니다. 우리의 구원의 시작이 그의 은혜였던 것처럼 구원의 완성도 그의 은혜로 말미암은 것입니다. 복음은 이 영광스런 완성의 순간까지를 포함하는 것입니다.

죽음은 우리 삶을 결산하는 순간입니다. 오늘 우리는 유다가 남긴 마지막 축복의 메시지를 생각해 보며 두 명의 꼭 같은 이름을 가진 두 유다의 종말을 생각해 보지 않을 수 없습니다. 가룟 유다는 유다서의 저자 유다보다 앞선 믿음의 출발을 했던 사람입니다. 그는 오리지널 열두 사도 가운데 하나이고 예수님의 제자 팀의 회계를 담당할 만큼 신뢰받던 사람이었습니다.

사실 예수께서 최후 만찬장에서 너희 중 하나가 나를 팔리라고 했을 때 유다를 의심한 사람은 없었습니다. 그러나 그는 결국 재물의 유혹을 이기지 못하고 은 삼십 냥에 사랑하는 스승을 팔고 양심의 가책을 이기지 못하고 스스로 목숨을 끊어 생을 부끄럽게 결산하고 말았습니다.

그러나 또 한 사람의 유다는 처음에 예수님의 형제로 너무 가까운 데서 본 자기 형님을 구주로 알아볼 안목을 지니지 못했지만 그의 부활 후 형제 야고보와 함께 참회하고 예수님의 제자가 됩니다. 마가의 다락방에서 성령을 기다리며 기도하던 120명 중에 이 유다가 있었습니다(행 1:14. 예수의 아우들과 더불어 마음을 같이하여 기도에 힘쓰더라). 고린도전서 9장 5절은 주의 형제들(복수임으로 그가 포함될 것임)이 아내를 데리고 전도 여행에 동참하는 모습을 보여 줍니다. 교회 전승은 그가 메소포타미아 지역에서 전도하다가 칼에 맞아 순교할 때 주 예수님을 찬양하며 숨을 거두었다고 전합니다. 찬양이라는 이름처럼 그는 이름에 합당한 삶을 살다가 간 것입니다.

오늘 우리 앞에도 두 길이 있습니다. 먼저 출발하여 믿음의 길을 가다가 탐욕에 눈이 어두워 배도자로 일생을 마무리한 가룟 유다의 길이 있습니다. 오늘 유다서 11절은 그 길이 가인의 길이고 발람의 길이고 고라의 길이며 멸망의 길이라고 증언합니다. 또 다른 한 길, 믿음의 출발은 늦었지만 마침내 신약성경의 저자가 되고 순교자로 완주(finishing)를 한 예수님의 동생 유다의 길이 있습니다. 오늘의 말씀은 그 길이 복음의 길, 영광의 길이라고 증언합니다. 당신의 선택은 무엇입니까? 정말 복음의 길을 가시겠습니까?

요한계시록 1장 4-8절

4 요한은 아시아에 있는 일곱 교회에 편지하노니 이제도 계시고 전에도 계셨고 장차 오실 이와 그의 보좌 앞에 있는 일곱 영과 5 또 충성된 증인으로 죽은 자들 가운데에서 먼저 나시고 땅의 임금들의 머리가 되신 예수 그리스도로 말미암아 은혜와 평강이 너희에게 있기를 원하노라 우리를 사랑하사 그의 피로 우리 죄에서 우리를 해방하시고 6 그의 아버지 하나님을 위하여 우리를 나라와 제사장으로 삼으신 그에게 영광과 능력이 세세토록 있기를 원하노라 아멘 7 볼지어다 그가 구름을 타고 오시리라 각 사람의 눈이 그를 보겠고 그를 찌른 자들도 볼 것이요 땅에 있는 모든 족속이 그로 말미암아 애곡하리니 그러하리라 아멘 8 주 하나님이 이르시되 나는 알파와 오메가라 이제도 있고 전에도 있었고 장차 올 자요 전능한 자라 하시더라

복음은 예수님의 다시 오심으로
마침내 새 세상이 온다는 소식입니다

조선 왕조의 운명이 기울어 가던 때 예수의 복음이 한반도를 찾았습니다. 그때 이 땅의 민중들은 모든 희망을 버린 채 자포자기하고 있었습니다. 이제 이 나라의 몰락이 결정적이 되어 갈 때 누군가가 이런 기사를 남깁니다.

우리들에게 남겨진 희망은 천주와 그 아들 예수 그리스도에게 있으니 그런즉 속히 경성해서 머리를 들고 생기를 내어서 일도 하고 희망을 품으며 나라를 위해 살 것이니라 (민경배, 《한국기독교회사》, 248쪽)

일본에 의해 나라의 자주권을 상실하던 합병 전야에 애국자 도산 안창호는 외칩니다.

"나라의 독립은 인민에게 있으며 보호를 청하려면 하나님께만 있을 뿐이라!"

바로 그때 전국에 메아리친 소리가 있었다고 한 역사학자는 기록합니다. 그 소리는 "기독교는 오늘날 한국인이 가진 유일한 벗이라"(《한국기독교회사》, 327쪽)는 것입니다. 맞습니다. 복음과 교회는 일제의 식민지가 된 그때 이 땅 민중들에게 유일한 민족 희망의 근원지였습니다. 연해주 독립운동 집회에서는 다음과 같은 글을 발표했습니다.

현금 조선에서 기독교는 거의 국민적 종교로서의 의의를 갖게 되었습니다. 자유를 갈망하는 조선국민을 위한 기독교의 가치는 위대합니다 (《한국기독교회사》, 385쪽)

곧이어 3.1운동이 일어나 교회는 민족을 살리는 운동의 중심에 섭니다. 그러나 바로 이때부터 동시에 이 땅의 교회들은 말할 수 없는 환난과 박해에 직면합니다.

1세기 로마의 지배를 받던 소아시아 초대교회의 상황도 우리나라와 아주 유사했습니다. 예수님의 제자 사도 요한은 소아시아에서 자유를 잃고 로마의 압제에 시달리던 민중들에게 복음을 전하다가 체포되어 소아시아 남서해안에서 약 55킬로미터 떨어진 길이 12킬로미터, 폭 7킬로미터에 불과한 작은 섬 밧모로 유배를 갑니다. AD 90-95년 사이 로마의 도미티안 황제가 통치하던 시절에 일어난 일입니다.

> 나 요한은 너희 형제요 예수의 환난과 나라와 참음에 동참하는 자라 하나님의 말씀과 예수를 증언하였음으로 말미암아 밧모라 하는 섬에 있었더니
>
> (계 1:9)

이 섬에서 주일을 맞은 어느 날 요한은 성령에 감동되어 성령의 명하심을 따라 소아시아에 세워진 일곱 교회를 향한 편지를 씁니다. 그것이 바로 요한계시록입니다. 이 편지의 핵심이 무엇이겠습니까? 복음만이 궁극적인 희망이라는 것입니다. 그리고 복음은 그들에게 마지막 승리를 안겨 주리라는 소식이었습니다. 자, 구체적으로 요한이 밧모 섬에서 전한 복음은 무엇이었을까요?

복음은 예수의 피로 우리 죄에서 우리를 해방하신 사건입니다

정치적 자유를 상실하고 사는 사람들에게 가슴 설레게 하는 최대

사건이 있다면 정치적 압제에서의 해방입니다. 과거 일본 제국주의의 압제 아래서 산 우리들에게 해방은 가장 큰 민족의 소망이었습니다. 마찬가지로 로마의 식민지로 압제에 시달리던 1세기 소아시아 사람들의 최대 소망도 로마로부터의 정치적 해방이었을 것입니다.

그런데 사도 요한은 밧모 섬에서 소아시아 사람들에게 편지를 쓰면서 로마로부터의 정치적 해방보다 더 중요하고 더 의미 있는 해방이 이미 우리에게 왔다는 소식을 전합니다. 본문 5절 하반부가 이 복음을 선언합니다.

우리를 사랑하사 그의 피로 우리 죄에서 우리를 해방하시고 (계 1:5b)

정치적 압제보다 더 큰 존재의 압제는 죄의 압제라고 성경은 말합니다. 그런데 이천 년 전 이 땅에 오신 나사렛 예수의 십자가의 죽으심과 그의 피 흘리심으로 우리가 그 죄에서 해방되었습니다. 이제는 우리가 용서 받은 자유인으로 하나님 앞에서 인생을 살게 되었다는 것, 이것이 바로 복음의 본질입니다.

1700년대를 살던 영국인으로, 존이라는 이름을 지닌 이제 막 30세가 된 청년이 있었습니다. 아버지가 작은 배의 선장이어서 어려서부터 배를 타고 선원 생활을 하며 노예 무역에 종사했습니다. 일이 잘못되어 자기 자신도 얼마간 노예 생활을 하다 곧 그는 다시 선장의 자리에 복귀합니다. 1748년 5월 10일 아프리카에서 노예들을 싣고 영국으로 오던 배가 큰 폭풍우를 만나 배를 건지기 위해 사투를 벌이던 그는 새벽 1시경 밀려오는 죽음의 공포 앞에 무릎을 꿇습니다. 그리고 갑자기 이대로 죽는다면 자기는 신 앞에 설 수 없는 죄인임을 자각합니다. 그는 숱한 노예를 부리며 살았지만 자신이 바로 죄의 노예였음을 깨닫습니다. 그리고 부르짖습니다.

"주여, 저에게 자비를 베푸소서."

구사일생으로 살아난 그는 7년간의 노예무역을 청산하고 사역자가 된 후 그의 신앙의 간증을 담아 찬송시를 작사합니다. 앞서 말한 바 있는 〈어메이징 그레이스〉입니다.

나 같은 죄인 살리신 주 은혜 놀라와

잃었던 생명 찾았고 광명을 얻었다

Amazing grace, how sweet the sound

That saved a wretch like me

I once was lost but now am found

Was blind but now I see

존 뉴턴이 말년에 기억력을 상실했을 때 사람들이 "기억하시나요?" 하면 그는 언제나 이렇게 대답했다고 합니다.

"예, 두 가지는 분명히 기억합니다. 하나는 제가 큰 죄인이었다는 것, 또 하나는 예수는 그런 저를 용서하신 위대하신 구주라는 것입니다."

이것이 바로 복음이고, 복음으로 해방 받은 사람의 고백입니다. 이것이 바로 사도 요한이 밧모 섬에서 편지로 다시 강조하고자 한 위대한 복음의 소식입니다.

복음은 예수의 교회가
궁극적인 승리를 누리게 되는 사건입니다

복음의 시작은 우리가 죄에서 해방된다는 소식입니다. 그러나 복음은 거기에서 끝나지 않습니다.

그의 아버지 하나님을 위하여 우리를 나라와 제사장으로 삼으신 그에게
영광과 능력이 세세토록 있기를 원하노라 (계 1:6)

죄로부터의 용서는 우리가 예수를 믿고 제일 처음 경험하는 소극적인 은혜입니다. 그러나 여기 더 적극적인 은혜가 있습니다. 그것은 우리가 하나님 나라를 위한 제사장으로 일하게 되었다는 것입니다. 이제 내가 수많은 사람들의 중보자로 하나님 나라의 영광과 능력을

보여 주고 그 나라 백성이 되도록 중보하는 일꾼으로 쓰임 받게 되었다는 것입니다. 그리고 그 나라가 이 땅에 오게 하는 중심적 공동체인 예수의 몸 된 교회의 일꾼으로 살게 되었다는 것입니다.

그래서 요한은 이 외로운 밧모 섬에서 유배된 삶을 살면서도 교회가 살아 있는 한 복음의 소망은 지속될 것을 믿었기에 성령의 감동하심을 따라 소아시아 일곱 교회에 편지를 씁니다.

> 10 주의 날에 내가 성령에 감동되어 내 뒤에서 나는 나팔 소리 같은 큰 음성을 들으니 12 이르되 네가 보는 것을 두루마리에 써서 에베소, 서머나, 버가모, 두아디라, 사데, 빌라델비아, 라오디게아 등 일곱 교회에 보내라 하시기로 (계 1:10-11)

그래서 요한계시록 2-3장에 걸쳐 소아시아의 대표적인 일곱 교회에 편지가 전달되었습니다. 이 일곱 교회에 보내진 편지들을 보면 각 교회마다 강점과 약점을 지니고 있었습니다. 요한은 예수님의 이름으로 각각의 교회에게 칭찬과 책망을 전달합니다. 특별한 환난에 직면해 있었던 서머나와 빌라델비아 교회에는 책망을 생략했지만, 어느 교회도 완벽한 교회는 없었습니다. 그럼에도 불구하고 사도 요한은 각각의 교회에 보내는 편지 말미에 '이기는 그에게는'이라는 단서로 승리의 희망을 전달합니다(2:7, 11, 17, 26; 3:5, 12, 21). 이것은 오늘을 사는 우리에게도 많은 것을 시사하는 약속입니다.

오늘의 한국 교회 현실에서 우리의 희망이 될 교회는 과연 존재하기나 하는 것일까요? 그러나 이런 질문은 결코 새로운 질문이 아니라는 것을 기억하셔야 합니다. 유명한 설교의 왕자 스펄전 목사에게 어느 청년이 찾아와 그런 질문을 던졌다고 합니다.

"저는 문제투성이 교회 현실에 지쳤습니다. 목사님, 문제 없는 교회를 좀 소개해 주시지요?"

이때 스펄전은 이런 대답을 합니다.

"문제 없는 교회라고요? 형제가 그런 교회를 혹시 찾거든 저에게 꼭 알려 주십시오. 저도 그 교회의 멤버가 되고 싶습니다. 그러나 형제가 만일 그런 교회를 찾거든 형제는 절대로 그 교회 멤버가 되지 마시기를 권하고 싶습니다. 왜냐하면 형제가 그 교회 멤버가 되는 순간부터 문제가 생길 것이기 때문입니다."

그렇습니다. 문제 있는 인간이 교회 공동체를 구성하는 한 문제는 피할 수가 없습니다. 문제는 그런 문제들을 극복할 수 있는 성숙함이 우리에게 있느냐는 것입니다.

그들이 바로 요한계시록 2-3장에 묘사된 '이기는 자들'입니다. 이런 이기는 자들이 존재하는 한 우리의 연약함과 부족함에도 불구하고 교회는 여전히 세상의 소망이 될 것입니다.

₄ 그러나 사데에 그 옷을 더럽히지 아니한 자 몇 명이 네게 있어 흰 옷을 입고 나와 함께 다니리니 그들은 합당한 자인 연고라 ₅ 이기는 자는 이와 같이 흰 옷을 입을 것이요 (계 3:4-5)

그 몇 사람이 바로 희망입니다. 교회가 무엇입니까? 교회는 구원받은 사람들의 공동체가 아닙니까? 교회는 우리요 당신입니다. 교회를 비판하는 것은 쉬운 일입니다. 그러나 당신은 어떤 성도이십니까? 주님은 흰 옷 입은 몇 사람을 보시고 그들을 통해 교회를 새롭게 하시고 역사를 새롭게 하신다고 약속하십니다. 일제의 암울한 시대, 하나님은 길선주, 주기철, 손양원, 조만식, 이상재 이 몇 사람들을 보시고 민족의 등불을 끄지 않으셨습니다. 우리가 새로워지면 교회가 새로워집니다. 문제는 교회가 아니라, 우리입니다. 우리가 회개하는 순간 교회는 다시 역사의 소망이 될 것입니다. 복음은 교회가 교회의 머리 되신 이 때문에 결국 승리의 공동체로 서게 된다는 소식입니다.

복음은 예수의 다시 오심으로
마침내 새 세상이 온다는 사건입니다

볼지어다 그가 구름을 타고 오시리라 (계 1:7)

그리고 "주 하나님이 이르시되 나는 알파와 오메가라"(8절)고 선언하십니다. 역사를 시작하신 그가 역사를 완성하신다는 것입니다.

그날 그를 거절한 사람들에게 그날은 심판의 날이 될 것입니다. 그러나 그의 백성으로 그의 일꾼이 되어 일한 사람들에게 그날은 역사 완성의 날이 될 것입니다.

> 일곱째 천사가 나팔을 불매 하늘에 큰 음성들이 나서 이르되 세상 나라가 우리 주와 그의 그리스도의 나라가 되어 그가 세세토록 왕 노릇 하시리로다 (계 11:15)

요한계시록은 그날이 새 하늘 새 땅이 임하는 날이라고 말합니다 (21:1 참조). 그날 하나님은 그의 백성들의 모든 눈물을 닦아 주시고 사망과 애통과 곡을 치유해 주시는 날이라고 말씀하십니다(21:4 참조). 그날 "보좌에 앉으신 이가 이르시되 보라 내가 만물을 새롭게 하노라"고 선포하십니다(21:5 참조). 그날은 궁극적인 복음의 약속이 성취되는 날입니다. 복음은 예수의 다시 오심으로 마침내 이런 새 세상이 온다는 소식입니다.

최근 개봉 1주도 안 되어 관객 4백만을 동원한 〈설국열차〉가 장안의 화제가 되었습니다. 결코 유쾌하게 볼 수 없는 과도한 폭력성과 기존 질서에 대한 저항의 은유로 가득 차 있습니다. 한편 반기독교적인 신의 질서에 반항하려는 의도조차 엿보이는 영화라는 생각도 듭니다. 그럼에도 불구하고 이 영화의 결론만은 성경적 복음의 희망, 계시록의 마지막 희망과 일치할 수도 있다는 역설적 결론에 도달했습니다.

환경 재앙으로 빙하기에 도달한 세상, 오직 달리는 열차 안에서만 생존이 가능한 조건이지만 그 조건마저 기계적인 시스템으로 통제되고 열차의 칸들은 계급적 질서로 나뉘어 고통당할 수밖에 없습니다. 주인공 커티스는 꼬리 칸에서부터 앞으로 나가는 저항을 선택합니다. 주인공 커티스의 희망인 성자 길리엄에서 시작해 악한 절대자 월포드에 도달합니다. 그러면서 월포드가 길리엄이라는 사실로 인해 절망에 빠지고 만다는 이야기입니다. 그러나 감독은 마지막 열차를 깨고 나온 새 세상이야말로 영화를 통해 말하고 싶어 했던 100퍼센트의 희망적 엔딩이라고 말합니다.

기차 밖으로 나온 아이 요나가 모자를 벗습니다. 숨을 쉴 수 있습니다. 그리고 또 다른 생존자 어린 꼬마. 그들은 함께 빙하기가 끝나가는 새 세상의 아담과 하와가 되어 새로운 시작을 바라봅니다. 거기에는 인간 외에 생물을 대표하는 북극곰도 살아 있었습니다. 이것은 작가도 감독도 의도하지 않았을지 모르지만 이리와 어린 양이 함께 살며 송아지와 어린 사자가 함께 놀고 젖 먹는 아이가 독사의 구멍에서 장난해도 해 됨이 없는 모든 죄와 악이 사라진 새롭고 거룩한 새 세상을 하나님이 준비하셨다는 성경의 희망과 일치합니다.

복음은 예수의 다시 오심으로 그 새 세상이 펼쳐지고 완성된다는 것, 그래서 우리가 오늘의 꼬리칸 현실에서도 절망하지 않고 칼과 도끼가 아닌 공의와 사랑을 품고 살아야 할 이유를 전달합니다. 이것이 다시 오실 예수 복음의 궁극적인 희망입니다.